Old English Verbs

By T. Patrick Snyder

Published by Tiw's Arm

Text Copyright © 2017 T. Patrick Snyder
All Rights Reserved

ISBN-13: 978-1981719778
ISBN-10: 1981719776

Contents

Old English Verbs 1
   Pronouns and Agreement 1
   Weak Verbs 1
   Strong Verbs 2
   Preterite-Present and Irregular Verbs 3
   Infinites and Gerunds 3
Tense 3
   Present Tense 3
   Past Tense 4
   Participles 4
   Perfect Tenses 4
   The Future Tense? 4
Mood 4
   Indicative 4
   Subjunctive 4
   Imperative 5
   Voice 5
Syncopation, Assimilation and Umlaut 5
Contract Verbs 5
Questions and Negation 5
A Note on Spelling 6
Related words 6
Further Readings 7
Old English Verbs 8
   āgan 9
   andswarian 10
   ascian 11
   bacan 12
   baþian 13

bannan	14
bēatan	15
belgan	16
benugan	17
bēodan	18
bēon	19
beorgan	20
beran	21
berstan	22
bīcnian	23
bīdan	24
biddan	25
bindan	26
bīsġian	27
bītan	28
blandan	29
blāwan	30
blōtan	31
blōwan	32
brecan	33
bregdan	34
brēotan	35
brūcan	36
būan	37
bycgan	38
ċeorfan	39
ċēosan	40
ċēowan	41
clēofan	42
cnāwan	43

crāwan	44
crēopan	45
cuman	46
cunnan	47
cweccan	48
cwelan	49
cwellan	50
cweþan	51
ċȳpan	52
dǣlan	53
delfan	54
dēman	55
dōn	56
drǣdan	57
dragan	58
drēogan	59
drēosan	60
drepan	61
drīfan	62
drincan	63
dūfan	64
dugan	65
durran	66
dȳppan	67
endian	68
etan	69
faran	70
fealdan	71
feallan	72
feohtan	73

findan	74
flēogan	75
flēon	76
flōwan	77
fōn	78
fremman	80
frēogan	81
frēosan	82
fretan	83
friġnan	84
fyrhtan	85
galan	86
gān	87
gangan	88
ġēotan	90
ġieldan	91
ġiellan	92
ġifan	93
ġitan	94
glīdan	95
grafan	96
grētan	97
grōwan	98
habban	99
hangian	101
hātan	102
healdan	103
hēawan	104
hebban	105
helpan	106

herian	107
hladan	108
hlēapan	109
hlifian	110
hlihhan	111
hōn	112
hrēosan	113
huntian	114
hweorfan	115
hwēsan	116
hycgan	117
hȳran	118
īwan	119
lǣdan	120
lǣtan	121
lecgan	122
lēogan	123
lēosan	124
lesan	125
libban	126
licgan	127
līþan	128
limpan	129
lofian	130
langian	131
lūcan	132
lufian	133
lūtan	134
magan	135
māwan	136

melcan	137
meltan	138
metan	139
mētan	140
molsnian	141
mōtan	142
munan	143
murnan	144
nabban	145
nāgan	146
nerian	147
niman	148
nyllan	149
onġinnan	150
rǣdan	151
rīdan	152
rīnan/reġnian	153
rīpan	154
rīsan	155
rōwan	156
sacan	157
sāwan	158
sceacan	159
sceafan	160
scēotan	161
sceran	162
sceþþan	163
scīnan	164
scippan	165
scrīðan	166

scrīfan	167
scūfan	168
sculan	169
seċan	170
secgan	171
sellan	172
sendan	173
sēon	174
sēoþan	175
settan	176
sincan	178
singan	179
sittan	180
slǣpan	181
slēan	182
smēocan	183
snīwan	184
snīþan	185
sorgian	186
spanan	187
spannan	188
sprecan	189
spurnan	191
standan	192
stelan	193
stellan	194
steorfan	195
steppan	196
stīgan	197
streġdan	198

swefan	199
swelgan	200
swellan	201
sweltan	202
swerian	203
swīcan	204
swimman	205
swincan	206
tǣċan	207
tellan	208
tēon	209
teran	210
tredan	211
trymman	212
unnan	213
wadan	214
wascan	215
wealdan	216
weaxan	217
wefan	218
wegan	219
wendan	220
weorpan	221
weorþan	222
wēpan	223
wesan	224
willan	225
winnan	226
witan	227
wrecan	228

wrēon	229
wrītan	230
wunian	231
wyrcan	232
yrnan	233
þurfan	234
þencan	235
þēon	236
þerscan	237
þicgan	238
þringan	239
þwēan	240
þyncan	241
Index	242

Old English Verbs

Most Old English verbs are divided into strong and weak verbs. Weak verbs consist of the larger majority of verbs, and new verbs often fit into this category. There are three classes of weak verbs, but the third grouping is relatively small. Strong verbs are defined by specific ablauts or vowel changes. There are seven classes of strong verbs.

The difference between the weak and strong verbs falls most prominently in how they form the past tense. Strong verbs include a vowel stem changes, and weak verbs have a dental suffix (d or t). Roman numerals are used for weak verbs, e.g. Weak I, Weak II, and Weak III; and Arabic numbers are used for the seven strong verb classes, e.g. Strong 1, Strong 2, etc.

Outside of those categories are preterite-present verbs and irregular verbs. Preterite-Present verbs are a closed category with specific usage. Many of them are also modal verbs, but that is not always the case. Irregular verbs also include **willan** to want, **wesan** to be, **bēon** to be, **dōn** to do, **gān** to go, as well as any verb derived from these. As with many languages, the irregular verbs are used the most often and should be memorized with spelling variants.

Pronouns and Agreement

Verbs in Old English agree in number and person with the subject of the sentence, just as it does in languages such as Latin or German. For pronouns, there are three persons: first, second and third. Although there are three grammatical numbers (singular, dual, and plural), the verbs forms for the dual are the same as the plural, so it makes more sense to think of OE verbs with only a singular and plural. The plural endings in Old English are the same regardless of person, so the charts of this book list do not separate out the plural by person. The pronouns of the third person are divided into the three genders of OE: masculine, feminine, and neuter. Gender does not affect the conjugated form of a verb.

The following chart illustrates the pronouns in Old English:

Person		Singular	Plural
1		iċ	wē
2		þū	ġē
3	masculine	hē	hīe, hī
	feminine	hēo	
	neuter	hit	

In this book, the singular persons are represented by 1, 2, and 3, for first second and third, and plural is labeled with the word plural.

Weak Verbs

Weak verbs have three classes and are defined by a dental sound (**d** or **t**) in the past tense. The Weak I verbs have the infinitive suffix -**an**, whereas Weak II verbs have the suffix -**ian**. This is one of the definitive ways to tell them apart, although many verbs that end with **-rian** are classified as Weak I verbs. There are no hard and fast rules for Weak III verbs, but they are a small class. There are also a few irregular Weak I verbs as well.

The first noticeable difference between the Weak I and Weak II verbs is the present tense. One minor annoyance is that the 3rd person singular of the Weak II seems to be the same as the plural of the Weak I verbs.

The simple past tense of Weak I verbs usually involves **-ed-** followed by an appropriate suffix. Many verbs skip the **e** and just add **-d-** and the suffix. Those whose roots end with **d** or **t** often get an extra **d** or **t** as well as the suffix. Some which end with **dd** or **tt** only get the suffix. Past participles usually get **-ed** as the ending.

The past tense of Weak II verbs usually take **-od-** followed by the appropriate suffix. The past participle gets **-od** at the end.

The following illustrates the difference between the verb types.

	Weak I	Weak II
	fremman *to do, make*	bodian *to announce, preach*
Inflected infinitive	tō fremmenne	tō bodienne
Imperative Singular	freme	boda
Imperative Plural	fremmaþ	bodiaþ

Present		
1	fremme	bodie
2	fremest	bodast
3	fremeþ	bodaþ
Plural	fremmaþ	bodiaþ
Subjunctive Singular	fremme	bodie
Subjunctive Plural	fremmen	bodien
Participle	fremmende	bodiende

Past		
1	fremede	bodode
2	fremedest	bododest
3	fremede	bodode
Plural	fremedon	bododon
Subjunctive Singular	fremede	bodode
Subjunctive Past	fremeden	bododen
Participle	fremed	bodod

Strong Verbs

Unlike Weak verbs which define their past tense on a suffix (specifically a dental suffix), strong verbs define their past tense by a change in the root vowel of the word. These can be problematic in a lot of ways, such as searching for them in the dictionary. Modern English still has a number of these with verbs like *sink-sank-sunk* and *bind-bound-bound*. Although Old English had quite a few more than Modern English, luckily there were some patterns to determining how a strong verb might behave. These patterns follow the root vowel as well as the consonants that define that root. The following chart, adapted from Hasenfratz and Jambeck (2005), illustrates some of the patterns:

Class	Root	Simple Past	Past Plural	Past Participle
1	ī	ā	i	i
2	ēo / ū	ēa	u	o
3	i	a	u	u
4	e	æ	ǣ	o
5	e	æ	ǣ	e
6	a	ō	ō	a
7	ea / ā	ēo / ē	ēo / ē	ea / ā

Strong verbs also tend to exhibit syncopation and assimilation in the present tense for the second and third person singular. For more, see the section on syncopation and assimilation below.

Preterite-Present and Irregular Verbs

Preterite-Present verbs have present tense forms which resemble the simple past of a strong verb. They are a select group of verbs which are vital to understanding Old English. Most of the modal verbs are Preterite-Present and are used to express possibility, necessity, desire, or ability. Modals also take an uninflected infinitive, which is the basic infinitive found in a dictionary. They also take a dental and a suffix in the past tense, although those forms are still irregular.

There are also a handful of true irregular verbs, such as **willan** *to want*, **wesan** *to be*, **bēon** *to be*, **dōn** *to do*, **gān** *to go*. These verbs forms must be memorized, as they are used quite often.

Infinites and Gerunds

There are two types of infinitives in Old English. One is the base infinitive, which is used with modals and similar verbs. The other is an inflected infinitive which gets a suffix of **-ne** and is preceded by **tō**. The inflected infinitive is sometimes treated as a noun and is sometimes referred to as a gerund. The ending can be **-anne** or **-enne**, and the latter is used sin this book.

Tense

Present Tense

The present tense covers things that are happening at the time of the utterance or writing. In Modern English, we sometimes use just the verb to form the present, but other times we use the progressive form (*to be* and a *-ing*) or we use an emphatic form (forms with *do*). The emphatic form is used in Modern English to indicate emphasis (*I do sing*), but also with questions (like *do you sing?*) and negatives (*I don't sing*). Old English does not use either of those forms, and expresses the present with just the simple present form.

Past Tense

The simple past tense just describes something that was completed and is essentially similar to the Modern English. For weak verbs, it is formed by adding **-ed-, -d-,** or **-od-**, followed by an ending that differs by person. For strong verbs, it requires a vowel stem change, and first and third person singular forms often differ from second person singular and plural forms.

Participles

Participles in Old English, as in Modern English, come in the present and past forms. The present form of the participle is equivalent to the *-ing* form in Modern English but is used rather as an adjective than part of the verb. In Old English, these forms attach **-ende** to the root.

Past participles in Old English are formed based on the type of verb, such as weak and strong. Many times this involves either the **-ed, -d,** or **-od** ending in the weak verbs, and a vowel change and **-en** in strong verbs.

Past participles also tend to get the prefix **ġe-** (comparable to German *ge-*) but that is not always the case, and many times there is a derived verb (often but not always with a similar meaning) which has the **ġe-** prefix. This book does not use the **ġe-** prefix, but beaware that it may or may not appear in Old English texts.

Perfect Tenses

The perfect tenses involve the past participle and an auxiliary verb. Most of the time, the auxiliary verb used is **habban** *to have* and is used in a way similar to Modern English. As in German and a few other languages, verbs of motion tend to use **wesan** *to be* as the auxiliary verb of choice. This means in those constructions, that the translator may be able to translate it as *have*. As with many things in Old English, there is no uniformity in use of this rule.

The Future Tense?

There is no suffix or prefix which indicates the future tense in Old English. There was not a means of marking the future tense using a modal construct as Modern English does it today. There is a temptation to translate modals such as **sculan** and **willan** as *shall* and *will*, because of their relationship to those words. However, they should be translated as *must* and *want, wish* respectively. We largely see the present tense for translations of Latin and Greek words that are in the future tense, so a larger context may be the key to translating expressions as taking place in the future. There is also no indication that the subjunctive was used to indicate the future, at least no more than the indicative.

Mood

Indicative

This is the default mood for a statement or a fact. It is a basic mood used for any positive beliefs and factual expressions.

Subjunctive

The subjunctive mood is used to indicate a wish, command, desire, or a thought contrary to fact. Modern English does not use the subjunctive as much as Old English did, but it does with cases such as the *were* in "if I were rich, I'd buy a house," or "I wish he were happier." Old English used the subjunctive in a similar way, and could be translated with "would," "should," or "might."

Imperative

The imperative mood is used to indicate a command. In Old English there was a singular and a plural command, depending on how many individuals the speaker addressed.

Expressions which have **witon** (or one of its variant spellings: **wuton, uton, utan**, etc) combined with an uninflected infinitive, it should be translated as *let's...* or *let us...* An example is, **uton singan** *let's sing*.

Voice

Most expressions in Old English are in the active voice, but the passive voice is not entirely uncommon. It is usually formed with the past participle and the verb *to be* (usually **wesan**) as in Modern English, but it can also take the verb **weorþan** *to become*, which is similar to the modern German.

Syncopation, Assimilation and Umlaut

The present indicative second and third person singular forms for strong verbs sometimes go through one or more of the processes of syncopation, assimilation and umlaut. Umlaut or I-mutation happens when a vowel is affected by **i** or a historic ***i** that is no longer present. An example is a word like **hāteþ** *commands* (infinitive **hātan**), where it becomes **hǣteþ**. Then the second vowel, the unstressed **e** may be lost through syncopation, creating a word which is difficult to pronounce: **hǣtþ**. Finally, that **þ** may be assimilated to the **t**, creating **hǣt**. Something similar happens with second person **hǣtst** from **hātest**. For strong verbs, many have at least one of these three processes happen, but it could be only two or all three. Some also have the more "normal" or regular versions in parallel with the altered one (i.e. **hāteþ** and **hǣt** both occur).

This author prefers these altered forms and will often put them first in the listings in this book.

Contract Verbs

Contract verbs are called that because they have contracted from a previous Proto-Germanic or Pre-Old English form of the language. Many of these involve a **-h-**, **-g-**, or **-w-** that was lost by the time Old English was written. However, these lost sounds tend to return in the second and third person singular of the present tense, and the past tense and past participle. These verbs are noted where the class of the verb appears.

Questions and Negation

Questions are usually formed by inverting the verb and the noun. Unlike Modern English, a form of **dōn** *to do* is not used as a verb marker. Questions may also get an interrogative, or question word, such as **hwæt** *what* or **hwanne** *when*.

In order to negate a verb, usually the adverb **ne** *not* is placed before the conjugated verb. Some verbs have a contracted form where the **ne** merges with it, such as **nabban** *to not have* (**ne + habban**). When negating verbs like **habban**, either a contracted or uncontracted form are possible. Double negatives are also common in Old English and still indicate a negative, not a positive.

A Note on Spelling

Old English spelling was not consistent, both regionally and temporally. Some dialects preferred some spellings in some eras, and others at different eras. Some words are more or less consist, others can have extra syllables or are a different class (gender, strong/weak, irregular/regular). The more frequent the word, the more variations seem to exist.

In this book, the titular infinitive (the one in the top left corner) tends to be the one used throughout the conjugation, though other infinitives and past participles are provided as well.

Some strong verbs have alternative versions for the present of second and third person singular, so often times multiple versions of those are provided. All of these spelling variants are indicated with a comma (,). Rarely, a verb may have an alternative form which puts them in more than one category, and a slash (/) is used to indicate that in the conjugation.

The first version given for any form is the author's preference, but it is not any more or less correct than others.

A final and important note is that þ is used in this book for both þ and ð. Since these letters were largely interchangeable, it seemed logical to pick one and stay consistent with it. This includes words which may start with ð, and all suffixes. This means that although this book may give a verb form of **fremeþ**, another version such as **fremeð** may be found in a text.

Related words

Each verb in this book has a list of related and derived words. The lists often start with verbs taken directly from the titular word, because they conjugate in the same or a similar way. Other words, such as nouns, adjectives, adverbs, and even other verbs are placed after those. These lists are not intended to be exhaustive, and also does not pretend that the words derive from the titular verb, but are likely related in some way, such as sharing a common root.

Further Readings

Grammars

Hasenfratz, Robert J., and Thomas Jambeck. *Reading Old English*. 1st ed. Morgantown, W.V.: West Virginia University Press, 2005. Print.

Mitchell, Bruce, and Fred C. Robinson. *A Guide to Old English*. 6th ed. Malden, Mass.: Blackwell Publishers, 2002. Print.

Quirk, Randolph, and C. L. Wrenn. *An Old English Grammar*. Methuen's Old English Library. 2d ed. London,: Methuen distributed in the USA by Harper & Row, Barnes & Noble Import Division, 1957. Print.

Diamond, Robert E. *Old English Grammar & Reader*. A Savoyard Book. Detroit,: Wayne State University Press, 1970. Print.

Readers and Texts

Sweet, Henry. *Anglo-Saxon Primer*. 9th ed. Oxford,: Clarendon Press, 1953. Print.

Sweet, Henry, and Dorothy Whitelock. *Sweet's Anglo-Saxon Reader in Prose and Verse. 15th Ed*. London,: Oxford U.P., 1967. Print.

Treharne, Elaine M. *Old and Middle English : An Anthology*. Blackwell Anthologies. Oxford England; Malden, Mass.: Blackwell Publishers, 2000. Print.

Dictionaries

Bosworth, Joseph. *An Anglo-Saxon Dictionary Online*. Ed. Thomas Northcote Toller and Others. Comp. Sean Christ and Ondřej Tichý. Faculty of Arts, Charles University in Prague, 21 Mar. 2010. Web. 5 Nov. 2013. http://www.bosworthtoller.com/.

Bosworth, Joseph. *An Anglo-Saxon Dictionary: Based on the Manuscript Collections of the Late Joseph Bosworth*. Ed. Thomas Northcote Toller. Oxford: Clarendon Press, 1898.

Hall, J. R. Clark, Herbert Dean Meritt, and Thomas Leiper Kane Collection (Library of Congress. Hebraic Section). A Concise Anglo-Saxon Dictionary. 4th ed. Cambridge Eng.: University Press, 1960. Print.

Old English Verbs

āgan	to own, possess, have	Preterite Present
Infinitive	āgan	tō āgenne
Indicative	**Present**	**Past**
1	āh	āhte
2	āhst	āhtest
3	āh	āhte
Plural	āgon	āhton
	Present Perfect	**Past Perfect**
1	hæbbe āgen	hæfde āgen
2	hæfst āgen	hæfdest āgen
3	hæfþ āgen	hæfde āgen
Plural	habbaþ āgen	hæfdon āgen
Subjunctive	**Present**	**Past**
Singular	āge	āhte
Plural	āgen	āhten
Imperative	**Sing.**	**Plural**
	---	---
Participles	**Present**	**Past**
	āgende	āgen

Derivations and related words:

āga - *m* possessor, owner
āge - *f* property
āgende - *m* owner

andswarian	to answer, respond, reply	Weak II
Infinitive	andswarian, answarian	tō andswarienne
Indicative	**Present**	**Past**
1	andswarie	andswarode
2	andswarast	andswarodest
3	andswaraþ	andswarode
Plural	andswariaþ	andswarodon
	Present Perfect	**Past Perfect**
1	hæbbe andswarod	hæfde andswarod
2	hæfst andswarod	hæfdest andswarod
3	hæfþ andswarod	hæfde andswarod
Plural	habbaþ andswarod	hæfdon andswarod
Subjunctive	**Present**	**Past**
Singular	andswarie	andswarode
Plural	andswarien	andswaroden
Imperative	**Sing.**	**Plural**
	andswara	andswariaþ
Participles	**Present**	**Past**
	andswariende	andswarod

Derivations and related words:

andswaru - f answer, reply

ascian	to ask, demand, inquire	Weak II
Infinitive	ascian, axian, ahsian	tō ascienne
Indicative	**Present**	**Past**
1	ascie	ascode
2	ascast	ascodest
3	ascaþ	ascode
Plural	asciaþ	ascodon
	Present Perfect	**Past Perfect**
1	hæbbe ascod	hæfde ascod
2	hæfst ascod	hæfdest ascod
3	hæfþ ascod	hæfde ascod
Plural	habbaþ ascod	hæfdon ascod
Subjunctive	**Present**	**Past**
Singular	ascie	ascode
Plural	ascien	ascoden
Imperative	**Sing.**	**Plural**
	asca	ascode
Participles	**Present**	**Past**
	asciende	ascod

Derivations and related words:

ofaxian - to learn, find out by asking
ascung - *f* asking, question

bacan	to bake	Strong 6
Infinitive	bacan	tō bacenne
Indicative	**Present**	**Past**
1	bace	bōc
2	becst, bæcst, bacest	bōce
3	becþ, bæcþ, baceþ	bōc
Plural	bacaþ	bōcon
	Present Perfect	**Past Perfect**
1	hæbbe bacen	hæfde bacen
2	hæfst bacen	hæfdest bacen
3	hæfþ bacen	hæfde bacen
Plural	habbaþ bacen	hæfdon bacen
Subjunctive	**Present**	**Past**
Singular	bace	bōce
Plural	bacen	bōcen
Imperative	**Sing.**	**Plural**
	bac	bacaþ
Participles	**Present**	**Past**
	bacende	bacen

Derivations and related words:

abacan - to back
ofenbacen - *adj* oven-baked
bæcere - *m* male baker
bæcestre - *f* female baker
ascbacen - *adj* ash baked
heorþbacen - *adj* hearth baked
nīwbacen - *adj* newly baked
ealdbacen - *adj* baked a while ago

baþian	to bathe, wash		Weak II
Infinitive	baþian		tō baþienne
Indicative	**Present**		**Past**
1	baþie		baþode
2	baþast		baþodest
3	baþaþ		baþode
Plural	baþiaþ		baþodon
	Present Perfect		**Past Perfect**
1	hæbbe baþod		hæfde baþod
2	hæfst baþod		hæfdest baþod
3	hæfþ baþod		hæfde baþod
Plural	habbaþ baþod		hæfdon baþod
Subjunctive	**Present**		**Past**
Singular	baþie		baþode
Plural	baþien		baþoden
Imperative	**Sing.**		**Plural**
	baþa		baþiaþ
Participles	**Present**		**Past**
	baþiende		baþod

Derivations and related words:

bebaþian - to bathe, wash
bæþ - *n* bath
fulwihtbæþ - *n* font or bath for a baptism
stufbæþ - *n* vapor bath, hot air bath, sauna
bæþfæt - *n* bath, bath tub
bæþhūs - *n* bathhouse

bannan	to summon		Strong 7
Infinitive	bannan		tō bannenne
Indicative	**Present**		**Past**
1	banne		bēon, bēn
2	benst, banst, bannest		bēone
3	benþ, banþ, banneþ		bēon, bēn
Plural	bannaþ		bēonon
	Present Perfect		**Past Perfect**
1	hæbbe bannen		hæfde bannen
2	hæfst bannen		hæfdest bannen
3	hæfþ bannen		hæfde bannen
Plural	habbaþ bannen		hæfdon bannen
Subjunctive	**Present**		**Past**
Singular	banne		bēone
Plural	bannen		bēonen
Imperative	**Sing.**		**Plural**
	bann		bannaþ
Participles	**Present**		**Past**
	bannende		bannen

Derivations and related words:

abannan - to command, summon, order
bannend - *m* summoner, caller
ban(n) - *n* command, summoning

bēatan	to beat, strike, lash, hurt, dash	Strong 7
Infinitive	bēatan	tō bēatenne
Indicative	**Present**	**Past**
1	bēate	bēot
2	bȳtst, bēatest	beōte
3	bȳt, bēateþ	bēot
Plural	bēataþ	bēoton
	Present Perfect	**Past Perfect**
1	hæbbe bēaten	hæfde bēaten
2	hæfst bēaten	hæfdest bēaten
3	hæfþ bēaten	hæfde bēaten
Plural	habbaþ bēaten	hæfdon bēaten
Subjunctive	**Present**	**Past**
Singular	bēate	bēote
Plural	bēaten	bēoten
Imperative	**Sing.**	**Plural**
	bēat	bēataþ
Participles	**Present**	**Past**
	bēatende	bēaten

Derivations and related words:

abēatan - to beat, strike
ofbēatan - to beat to death, kill by beating
tōbeatan - to beat to pieces
bēatere - *m* beater, fighter
ġebēat - *n* a beating, blow

belgan	to be angry, be enraged, (reflex.) make oneself angry	Strong 3
Infinitive	belgan	tō belgenne

Indicative	**Present**	**Past**
1	belge	bealg
2	bilhst, bilgst	bulge
3	bilhþ, bilgþ	bealg
Plural	belgaþ	bulgon
	Present Perfect	**Past Perfect**
1	hæbbe bolgen	hæfde bolgen
2	hæfst bolgen	hæfdest bolgen
3	hæfþ bolgen	hæfde bolgen
Plural	habbaþ bolgen	hæfdon bolgen
Subjunctive	**Present**	**Past**
Singular	belge	bulge
Plural	belgen	bulgen
Imperative	**Sing.**	**Plural**
	belg	belgaþ
Participles	**Present**	**Past**
	belgende	bolgen

Derivations and related words:

abelgan - to anger, vex, annoy
forbelgan - to become angry, get angry
inbelgan - to exasperate

benugan	to require, want need		Preterite-Present
Infinitive	benugan		tō benugenne
Indicative	**Present**		**Past**
1	benēah		benohte
2	benēaht		benohtest
3	benēah		benohte
Plural	benugon		benohton
	Present Perfect		**Past Perfect**
1	hæbbe benugen		hæfde benugen
2	hæfst benugen		hæfdest benugen
3	hæfþ benugen		hæfde benugen
Plural	habbaþ benugen		hæfdon benugen
Subjunctive	**Present**		**Past**
Singular	benuge		benohte
Plural	benugen		benohten
Imperative	**Sing.**		**Plural**
	benug		benugaþ
Participles	**Present**		**Past**
	benugende		benugen

Derivations and related words:

ġenugan - to suffice, be sufficient

bēodan	to command, bid, order, offer, grant, levy a tax, summon	Strong 2
Infinitive	bēodan	tō bēodenne

Indicative	**Present**	**Past**
1	bēode	bēad
2	bȳst, bȳtst, bēodest	bude
3	bȳt, bēodeþ	bēad
Plural	bēodaþ	budon
	Present Perfect	**Past Perfect**
1	hæbbe boden	hæfde boden
2	hæfst boden	hæfdest boden
3	hæfþ boden	hæfde boden
Plural	habbaþ boden	hæfdon boden

Subjunctive	**Present**	**Past**
Singular	bēode	bude
Plural	bēoden	buden

Imperative	**Sing.**	**Plural**
	bēod	bēodaþ

Participles	**Present**	**Past**
	bēodende	boden

Derivations and related words:

abēodan - to announce, relate, declare, offer, command
bebēodan - to command, offer
forbēodan - to forbid, prohibit, restrain
forebēodan - to announce, preach
misbēodan - to offend, do wrong to, abuse
onbēodan - to bid, order
bebēodend - *m* master, one who commands
bēodendlīċ ġemet - the imperative mood

bēon   to be, exist, become   Irregular Verb

Infinitive	bēon	tō bēonne
Indicative	**Present**	**Past**
1	bēo	wæs
2	bist, byst	wǣre
3	biþ, byþ	wæs
Plural	bēoþ	wǣron
	Present Perfect	**Past Perfect**
1	eom ġebēon	wæs ġebēon
2	eart ġebēon	wǣre ġebēon
3	ys ġebēon	wæs ġebēon
Plural	syndon ġebēon	wǣron ġebēon
Subjunctive	**Present**	**Past**
Singular	bēo	wǣre
Plural	bēon	wǣren
Imperative	**Sing.**	**Plural**
	bēo	bēoþ
Participles	**Present**	**Past**
	bēonde	ġebēon

Derivations and related words:

ætbēon - to be present

Notes:

This word shares a past tense with **wesan** *to be*. This verb also serves as an impersonal verb. By itself, **ys** can mean *there is*, **syndon** *there are*, **wæs** *there was*, and **wǣron** *there were*.

19

beorgan — to save, protect, shelter, defend — Strong 3

Infinitive	beorgan	tō beorgenne
Indicative	**Present**	**Past**
1	beorge	bearg
2	byrhst, byrgst, byrgest	burge
3	byrhþ, byrgþ, byrgeþ	bearg
Plural	beorgaþ	burgon
	Present Perfect	**Past Perfect**
1	hæbbe borgen	hæfde borgen
2	hæfst borgen	hæfdest borgen
3	hæfþ borgen	hæfde borgen
Plural	habbaþ borgen	hæfdon borgen
Subjunctive	**Present**	**Past**
Singular	beorge	burge
Plural	beorgen	burgen
Imperative	**Sing.**	**Plural**
	beorg	beorgaþ
Participles	**Present**	**Past**
	beorgende	borgen

Derivations and related words:

bebeorgan - to defend oneself
bānbeorgas - *mpl* greaves, bone defenses
beorg - *m* protection, refuge

beran   to bear, carry, bring, offer, support, endure   Strong 4

Infinitive	beran, beoran	tō berenne
Indicative	**Present**	**Past**
1	bere	bær
2	birst, birest	bǣre
3	birþ, bireþ	bær
Plural	beraþ	bǣron
	Present Perfect	**Past Perfect**
1	hæbbe boren	hæfde boren
2	hæfst boren	hæfdest boren
3	hæfþ boren	hæfde boren
Plural	habbaþ boren	hæfdon boren
Subjunctive	**Present**	**Past**
Singular	bere	bǣre
Plural	beren	bǣren
Imperative	**Sing.**	**Plural**
	ber	beraþ
Participles	**Present**	**Past**
	berende	boren

Derivations and related words:

aberan - to bear, suffer, carry
āberan - to bear off, bring, carry
ætberan - to bring forward, bear away
aweġberan - to carry away
beberan - to bear, carry, provide
forberan - to forbear, abstain, refrain, restrain
fōrberan - to forebear, carry before

fōreberan - to prefer
forþberan - to bear forth, bring forth
in(ā)beran - to bring in
onberan - to diminish, reduce, enfeeble, weaken, impair
tōberan - to carry off in different directions
ōþberan - to bear forth, carry away
ymbberan - to surround

berstan	to burst, break, fail		Strong 3
Infinitive	berstan		tō berstenne
Indicative	**Present**		**Past**
1	berste		bærst
2	birst		burste
3	birst, birsteþ		bærst
Plural	berstaþ		burston
	Present Perfect		**Past Perfect**
1	hæbbe borsten		hæfde borsten
2	hæfst borsten		hæfdest borsten
3	hæfþ borsten		hæfde borsten
Plural	habbaþ borsten		hæfdon borsten
Subjunctive	**Present**		**Past**
Singular	berste		burste
Plural	bersten		bursten
Imperative	**Sing.**		**Plural**
	berst		berstaþ
Participles	**Present**		**Past**
	berstende		borsten

Derivations and related words:

aberstan - to burst, break
āberstan - to burst through
ætberstan - to burst out, escape
forberstan - to break, burst asunder
forþberstan - to burst forth

fulberstan - to burst fully
ōþberstan - to break away, escape
tōberstan - to break to pieces
eorþġeberst - *n* a chasm, cave

bīcnian	to beckon, nod, gesture		Weak II
Infinitive	bīcnian		tō bīcnienne
Indicative	**Present**		**Past**
1	bīcnie		bīcnode
2	bīcnast		bīcnodest
3	bīcnaþ		bīcnode
Plural	bīcniaþ		bīcnodon
	Present Perfect		**Past Perfect**
1	hæbbe bīcnod		hæfde bīcnod
2	hæfst bīcnod		hæfdest bīcnod
3	hæfþ bīcnod		hæfde bīcnod
Plural	habbaþ bīcnod		hæfdon bīcnod
Subjunctive	**Present**		**Past**
Singular	bīcnie		bīcnode
Plural	bīcnien		bīcnoden
Imperative	**Sing.**		**Plural**
	bīcna		bīcniaþ
Participles	**Present**		**Past**
	bīcniende		bīcnod

Derivations and related words:

andbīcnian - to make signs at
bīcniend - *m* one who shows, a signer, shower
ġebīcnung - *f* sign

bīdan	to wait, bide		Strong 1
Infinitive	bīdan		tō bīdenne
Indicative	**Present**		**Past**
1	bīde		bād
2	bīst, bītst, bīdest		bide
3	bīt, bīdeþ		bād
Pl.	bīdaþ		bidon
	Present Perfect		**Past Perfect**
1	hæbbe biden		hæfde biden
2	hæfst biden		hæfdest biden
3	hæfþ biden		hæfde biden
Plural	habbaþ		hæfdon biden
Subjunctive	**Present**		**Past**
Singular	bīde		bide
Plural	bīden		biden
Imperative	**Sing.**		**Plural**
	bīd		bīdaþ
Participles	**Present**		**Past**
	bīdende		biden

Derivations and related words:

ābīdan - to abide, wait, remain, gebīdan - to abide, remain, tarry, await, look for, expect, experience oferbīdan - to outlive, outlast, survive onbīdan - to wait, abide, remain	onbīdstōw - *f* a place for waiting anbīd - *n* expectation, waiting andbīdung - *m* expectation anbīdung - *m* abiding, expectation, waiting, tarrying bīdfæst - *adj* stationary, firm bīdsteal - *m* a stand, halting

biddan	to ask, bid, order		Strong 5
Infinitive	biddan		tō biddenne
Indicative	**Present**		**Past**
1	bidde		bæd
2	bitst, bidst, biddest		bæde
3	bit, byt, bitt, biddeþ		bæd
Plural	biddaþ		bædon
	Present Perfect		**Past Perfect**
1	hæbbe beden		hæfde beden
2	hæfst beden		hæfdest beden
3	hæfþ beden		hæfde beden
Plural	habbaþ beden		hæfdon beden
Subjunctive	**Present**		**Past**
Singular	bidde		bæde
Plural	bidden		bæden
Imperative	**Sing.**		**Plural**
	bide		bidaþ
Participles	**Present**		**Past**
	biddende		beden

Derivations and related words:

bebiddan - to command
abiddan - to ask, pray to, pray for
ġebiddan - to pray to, pray for, worship
biddere - *m* petitioner

Notes:

In order to translate **biddan** as *to ask for*, make the object being asked for genitive.

bindan	to bind, tie		Strong 3
Infinitive	bindan		tō bindenne
Indicative	**Present**		**Past**
1	binde		band, bond
2	bintst, binst, bindest		bunde
3	bint, bindeþ		band, bond
Plural	bindaþ		bundon
	Present Perfect		**Past Perfect**
1	hæbbe bunden		hæfde bunden
2	hæfst bunden		hæfdest bunden
3	hæfþ bunden		hæfde bunden
Plural	habbaþ bunden		hæfdon bunden
Subjunctive	**Present**		**Past**
Singular	binde		bunde
Plural	binden		bunden
Imperative	**Sing.**		**Plural**
	bind		bindaþ
Participles	**Present**		**Past**
	bindende		bunden

Derivations and related words:

anbindan/unbindan/onbindan/inbindan - to unbind, free, untie ymbbindan - to bind about bebindan - to bind in binde - *f* band, wreath	ġebind - *n* binding, fastening wudubinde - *f* bundle of wood bindele - *f* binding, tying, bandage unbunden - *adj* not bound

bīsġian	to busy, occupy, be busy		Weak II

Infinitive	bīsġian, bȳsġian	tō bīsġienne

Indicative	Present	Past
1	bīsġie	bīsġode
2	bīsġast	bīsġodest
3	bīsġaþ	bīsġode
Plural	bīsġiaþ	bīsġodon
	Present Perfect	**Past Perfect**
1	hæbbe bīsġod	hæfde bīsġod
2	hæfst bīsġod	hæfdest bīsġod
3	hæfþ bīsġod	hæfde bīsġod
Plural	habbaþ bīsġod	hæfdon bīsġod

Subjunctive	Present	Past
Sinġular	bīsġie	bīsġode
Plural	bīsġien	bīsġoden

Imperative	Sinġ.	Plural
	bīsġa	bīsġiaþ

Participles	Present	Past
	bīsġiende	bīsġod

Derivations and related words:

ābīsġian - to busy, employ, occupy, enġaġe
bīsġung - f business, occupation
ġebīsġian - to occupy, aġitate, afflict

bītan	to bite		Strong 1
Infinitive	bītan		tō bītan
Indicative	**Present**		**Past**
1	bīte		bāt
2	bītst, bītest		bite
3	bītt, bīt, bīteþ		bāt
Plural	bītaþ		biton
	Present Perfect		**Past Perfect**
1	hæbbe biten		hæfde biten
2	hæfst biten		hæfdest biten
3	hæfþ biten		hæfde biten
Plural	habbaþ biten		hæfdon biten
Subjunctive	**Present**		**Past**
Singular	bīte		bite
Plural	bīten		biten
Imperative	**Sing.**		**Plural**
	bīt		bītaþ
Participles	**Present**		**Past**
	bītende		biten

Derivations and related words:

abītan - to bite, eat, consume
bebītan - to bite
bīte - *m* bite, pain
onbītan - to taste of, partake of
hungorbiten - *adj* hungry, hunger bitten

blandan	to blend, mix, mingle	Strong 7
Infinitive	blandan, blondan	tō blandenne
Indicative	**Present**	**Past**
1	blande	blēnd, blēond
2	blandest	blēnde
3	blent, blandeþ	blēnd, blēond
Plural	blandaþ	blēndon, blēondon
	Present Perfect	**Past Perfect**
1	hæbbe blanden	hæfde blanden
2	hæfst blanden	hæfdest blanden
3	hæfþ blanden	hæfde blanden
Plural	habbaþ blanden	hæfdon blanden
Subjunctive	**Present**	**Past**
Singular	blande	blēnde
Plural	blanden	blēnden
Imperative	**Sing.**	**Plural**
	bland	blandaþ
Participles	**Present**	**Past**
	blandende	blanden, blonden

Derivations and related words:

onblandan - to intermingle, infect
bland - *n* mixture, confusion
blandenfeax - *adj* mixed hair, grey haired
unblanden - *adj* unmixed

blāwan　　to blow, breathe　　　　　　　Strong 7

Infinitive	blāwan	tō blāwenne
Indicative	**Present**	**Past**
1	blāwe	blēow
2	blǣwst, blāwst, blāwest	blēowe
3	blǣwþ, blāwþ, blāweþ	blēow
Plural	blāwaþ	blēowon
	Present Perfect	**Past Perfect**
1	hæbbe blāwen	hæfde blāwen
2	hæfst blāwen	hæfdest blāwen
3	hæfþ blāwen	hæfde blāwen
Plural	habbaþ blāwen	hæfdon blāwen
Subjunctive	**Present**	**Past**
Singular	blāwe	blēowe
Plural	blāwen	blēowen
Imperative	**Sing.**	**Plural**
	blāw	blāwaþ
Participles	**Present**	**Past**
	blāwende	blāwen

Derivations and related words:

ablāwan - to blow, breathe
āblāwan - to blow away
beblāwan - to blow upon
forblāwan - to blow away, inflate
forþblāwan - to blow forth, belch
inblāwan/onblāwan - to breathe upon
　　or into, blow into, inspire

wiþblāwan - to strain at
ġeondblāwan - to breathe upon
tōblāwan - to scatter by blowing, blow in different directions
blāwung - *f* blowing
hornblāwere - *m* horn blower
onblāwness - *f* inspiration

blōtan to sacrifice, kill   Strong 7

Infinitive	blōtan	tō blōtenne
Indicative	**Present**	**Past**
1	blōte	blēot
2	blētst, blōtest	blēote
3	blēt, blōteþ	blēot
Plural	blōtaþ	blēoton
	Present Perfect	**Past Perfect**
1	hæbbe blōten	hæfde blōten
2	hæfst blōten	hæfdest blōten
3	hæfþ blōten	hæfde blōten
Plural	habbaþ blōten	hæfdon blōten
Subjunctive	**Present**	**Past**
Singular	blōte	blēote
Plural	blōten	blēoten
Imperative	**Sing.**	**Plural**
	blōt	blōtaþ
Participles	**Present**	**Past**
	blōtende	blōten

Derivations and related words:

ablōtan - to sacrifice
onblōtan - to offer, sacrifice
blōtere - *m* one who sacrifices
blōtung - *f* sacrificing, sacrifice
ġeblōt - *n* sacrifice

blōwan	to bloom, blow, blossom	Strong 7
Infinitive	blōwan	tō blōwenne
Indicative	**Present**	**Past**
1	blōwe	blēow
2	blēwst, blōwest	blēowe
3	blēwþ, blōweþ	blēow
Plural	blōwaþ	blēowon
	Present Perfect	**Past Perfect**
1	hæbbe blōwen	hæfde blōwen
2	hæfst blōwen	hæfdest blōwen
3	hæfþ blōwen	hæfde blōwen
Plural	habbaþ blōwen	hæfdon blōwen
Subjunctive	**Present**	**Past**
Singular	blōwe	blēowe
Plural	blōwen	blēowen
Imperative	**Sing.**	**Plural**
	blōw	blōwaþ
Participles	**Present**	**Past**
	blōwende	blōwen

Derivations and related words:

ġeblōwan - to blow, flourish, bloom, blossom
blōwendlīċ - *adj* flowery
beorhtblōwendlīċ - *adj* bright blooming

brecan	to break, burst, violate		Strong 4
Infinitive	brecan		tō brecenne
Indicative	**Present**		**Past**
1	brece		bræc
2	bricst, bricest		bræce
3	bricþ, briceþ		bræc
Plural	brecaþ		bræcon
	Present Perfect		**Past Perfect**
1	hæbbe brocen		hæfde brocen
2	hæfst brocen		hæfdest brocen
3	hæfþ brocen		hæfde brocen
Plural	habbaþ brocen		hæfdon brocen
Subjunctive	**Present**		**Past**
Singular	brece		bræce
Plural	brecen		bræcen
Imperative	**Sing.**		**Plural**
	brec		brecaþ
Participles	**Present**		**Past**
	brecende		brocen

Derivations and related words:

abrecan - to break, take by storm
ābrecan - to break to pieces
bebrecan - to break off
forbrecan - to break violently, bruise
ġebrecan - to break, shatter, bruise
oferbrecan - to infringe, violate
þurhbrecan - to break through

tōbrecan - to break into pieces
ǣwbreca - *m* adulterer, someone who breaks marriage vow
breca - *m* breaker
brecþ - *f* broken state, fracture
ġebrec - *n* breaking, crashing, clamor
wiþerbreca - *m* adversary

bregdan	to draw, brandish, drag	Strong 3
Infinitive	bregdan	tō bregdenne
Indicative	**Present**	**Past**
1	bregde	bræġd, brǣd
2	bregdest	brugde
3	bregdeþ	bræġd, brǣd
Plural	bregdaþ	brugdon
	Present Perfect	**Past Perfect**
1	hæbbe brogden	hæfde brogden
2	hæfst brogden	hæfdest brogden
3	hæfþ brogden	hæfde brogden
Plural	habbaþ brogden	hæfdon brogden
Subjunctive	**Present**	**Past**
Singular	bregde	brugde
Plural	bregden	brugden
Imperative	**Sing.**	**Plural**
	bregd	bregdaþ
Participles	**Present**	**Past**
	bregdende	brogden

Derivations and related words:

abregdan - to move quickly, vibrate, withdraw, draw
bebregdan - to pretend
forbregdan - to cover
misbregdan - to remove
oferbregdan - to overspread cover
ōþbregdan - to take away

tōbregdan - to separate by quick movement
underbregdan - to spread under
wiþbregdan - to withhold, restrain
ġebregd - *n* moving to and fro, tossing and turning, agitation
ġebregdness - *f* suddenness of movement or action

brēotan   to bruise, break, destroy   Strong 2

Infinitive	brēotan	tō brēotenne
Indicative	**Present**	**Past**
1	brēote	brēat
2	brȳst, brȳtst, brēotest	brute
3	brȳt, brȳteþ, brēoteþ	brēat
Plural	brēotaþ	bruton
	Present Perfect	**Past Perfect**
1	hæbbe broten	hæfde broten
2	hæfst broten	hæfdest broten
3	hæfþ broten	hæfde broten
Plural	habbaþ broten	hæfdon broten
Subjunctive	**Present**	**Past**
Singular	brēote	brute
Plural	brēoten	bruten
Imperative	**Sing.**	**Plural**
	brēot	brēotaþ
Participles	**Present**	**Past**
	brēotende	broten

Derivations and related words:

abrēotan - to bruise, break, destroy, kill

brūcan	to use, make use of, pass, spend, enjoy, discharge	Strong 2
Infinitive	brūcan	tō brūcenne
Indicative	**Present**	**Past**
1	brūce	brēac
2	brȳcst, brūcest	bruce
3	brȳcþ, brūceþ	brēac
Plural	brūcaþ	brucon
	Present Perfect	**Past Perfect**
1	hæbbe brocen	hæfde brocen
2	hæfst brocen	hæfdest brocen
3	hæfþ brocen	hæfde brocen
Plural	habbaþ brocen	hæfdon brocen
Subjunctive	**Present**	**Past**
Singular	brūce	bruce
Plural	brūcen	brucen
Imperative	**Sing.**	**Plural**
	brūc	brūcaþ
Participles	**Present**	**Past**
	brūcende	brocen

Derivations and related words:

ābrūcan - to partake of (gen)
bebrūcan - to consume, practice
þurhbrūcan - to enjoy thoroughly
brūcing - *f* function, occupation, enjoyment
brȳce - *m* use, service, profit, advantage
brȳcian - *wii* to be of use, profit, benefit, do good
nīdbrȳce - *m* necessary use, requirement, need
unbrȳce - *adj* useless, unprofitable

būan — to dwell, live, inhabit — Weak III

Infinitive	būan, būgian, būwan, būgan	tō būenne
Indicative	**Present**	**Past**
1	būe	būde, būgode
2	būst	būdest, būgodest
3	bȳþ, būeþ	būde, būgode
Plural	būaþ	būdon, būgodon
	Present Perfect	**Past Perfect**
1	hæbbe būn, būd, būgod	hæfde būn, būd, būgod
2	hæfst būn, būd, būgod	hæfdest būn, būd, būgod
3	hæfþ būn, būd, būgod	hæfde būn, būd, būgod
Plural	habbaþ būn, būd, būgod	hæfdon būn, būd, būgod
Subjunctive	**Present**	**Past**
Singular	būe	būde, būgode
Plural	būen	būden, būgoden
Imperative	**Sing.**	**Plural**
	būe	būaþ
Participles	**Present**	**Past**
	būende	būn, būd, būgod

Derivations and related words:

inbūan - to inhabit
bū - *n* dwelling, habitation
būend - *m* inhabitant, dweller

bycgan	to buy, procure		Irregular Weak
Infinitive	bycgan, bicgan		tō bycgenne
Indicative	**Present**		**Past**
1	bycge		bohte
2	bycgest		bohtest
3	bycgeþ		bohte
Plural	bycgaþ		bohton
	Present Perfect		**Past Perfect**
1	hæbbe boht		hæfde boht
2	hæfst boht		hæfdest boht
3	hæfþ boht		hæfde boht
Plural	habbaþ boht		hæfdon boht
Subjunctive	**Present**		**Past**
Singular	bycge		bohte
Plural	bycgen		bohten
Imperative	**Sing.**		**Plural**
	bycge		bycgaþ
Participles	**Present**		**Past**
	bycgende		boht

Derivations and related words:

abycgan - to buy, pay for
ābycgan - to buy off, pay off, redeem
bebycgan - to sell, put up for sale
ġebycgan - to buy, procure, purchase
ætbycgan - to buy for onesself
bebycgung - *f* selling

ċeorfan — to carve, cut, hew, tear, engrave — Strong 3

Infinitive	ċeorfan	tō ċeorfenne
Indicative	**Present**	**Past**
1	ċeorfe	ċearf
2	ċyrfst, ċeorfst	curfe
3	ċyrfþ, ċeorfeþ	ċearf
Plural	ċeorfaþ	curfon
	Present Perfect	**Past Perfect**
1	hæbbe	hæfde
2	hæfst	hæfdest
3	hæfþ	hæfde
Plural	habbaþ	hæfdon
Subjunctive	**Present**	**Past**
Singular	ċeorfe	curfe
Plural	ċeorfen	curfen
Imperative	**Sing.**	**Plural**
	ċeorf	ċeorfaþ
Participles	**Present**	**Past**
	ċeorfende	corfen

Derivations and related words:

aċeorfan - to cut off
āċeorfan - to cut down a tree, cut away
beċeorfan - to cut off, becarve
forċeorfan - to cut out, carve out, cut away
ymbċeorfan - to circumcise
tōċeorfan - to cut to pieces, cut in two
ċeorfæx - *f* cutting axe
ċeorfseax - *n* scalpel, surgeon's knife

ċēosan	to choose, select, elect, accept	Strong 2
Infinitive	ċēosan, ċīosan	tō ċēosenne
Indicative	**Present**	**Past**
1	ċēose	ċēas
2	ċȳst, ċēosest	cure
3	ċȳst, ċēoseþ	ċēas
Plural	ċēosaþ	curon
	Present Perfect	**Past Perfect**
1	hæbbe coren	hæfde coren
2	hæfst coren	hæfdest coren
3	hæfþ coren	hæfde coren
Plural	habbaþ coren	hæfdon coren
Subjunctive	**Present**	**Past**
Singular	ċēose	cure
Plural	ċēosen	curen
Imperative	**Sing.**	**Plural**
	ċēos	ċēosaþ
Participles	**Present**	**Past**
	ċēosende	coren

Derivations and related words:

aċēosan - select, choose
foreġeċēosan - to choose ahead of time, choose beforehand
wiþċēosan - to reject
ġeċēosan - to elect, choose, approve, decide
ġecorenes - *f* election, choice, selection
tōġeorenness - *f* adoption
ġecorenliċ - *adj* choice, elegant
ċīs - *adj* choice, nice in eating

ċēowan	to ċhew, gnaw, ċonsume		Strong 2
Infinitive	ċēowan		tō ċēowenne
Indicative	**Present**		**Past**
1	ċēowe		ċēaw
2	ċȳwst, ċēowest		cuwe
3	ċȳwþ, ċēoweþ		ċēaw
Plural	ċēowaþ		cuwon
	Present Perfeċt		**Past Perfeċt**
1	hæbbe cowen		hæfde cowen
2	hæfst cowen		hæfdest cowen
3	hæfþ cowen		hæfde cowen
Plural	habbaþ cowen		hæfdon cowen
Subjunctive	**Present**		**Past**
Singular	ċēowe		cuwe
Plural	ċēowen		cuwon
Imperative	**Sing.**		**Plural**
	ċēow		ċēowaþ
Participles	**Present**		**Past**
	ċēowende		cowen

Derivations and related words:

beċēowan - to ċhew
forċēowan - to ċhew off, bite off
tōċēowan - to ċhew to pieċes

clēofan   to cleave, separate, split   Strong 2

Infinitive	clēofan	tō clēofenne
Indicative	**Present**	**Past**
1	clēofe	clēaf
2	clȳfst	clufe
3	clȳfþ	clēaf
Plural	clēofaþ	clufon
	Present Perfect	**Past Perfect**
1	hæbbe clofen	hæfde clofen
2	hæfst clofen	hæfdest clofen
3	hæfþ clofen	hæfde clofen
Plural	habbaþ clofen	hæfdon clofen
Subjunctive	**Present**	**Past**
Singular	clēofe	clufe
Plural	clēofen	clufen
Imperative	**Sing.**	**Plural**
	clēof	clēofaþ
Participles	**Present**	**Past**
	clēofende	clofen

Derivations and related words:

āclēofan - to split, cleave
tōclēofan - to split in two, cleave aslunder

cnāwan to know Strong 7

Infinitive	cnāwan	tō cnāwenne
Indicative	**Present**	**Past**
1	cnāwe	cnēow
2	cnǣwst, cnāwest	cnēowe
3	cnǣwþ, cnāweþ	cnēow
Plural	cnāwaþ	cnēowon
	Present Perfect	**Past Perfect**
1	hæbbe cnāwen	hæfde cnāwen
2	hæfst cnāwen	hæfdest cnāwen
3	hæfþ cnāwen	hæfde cnāwen
Plural	habbaþ cnāwen	hæfdon cnāwen
Subjunctive	**Present**	**Past**
Singular	cnāwe	cnēowe
Plural	cnāwen	cnēowen
Imperative	**Sing.**	**Plural**
	cnāw	cnāwaþ
Participles	**Present**	**Past**
	cnāwende	cnāwen

Derivations and related words:

ancnāwan - to recognize
tōcnāwan - to discern, distinguish, know the difference
cnāwung - *f* knowledge
cnāwlǣcung - *f* acknowledgement
orcnāwe - *adj* recognizable
unġecnāwen - *adj* unknown

crāwan	to crow	Strong 7
Infinitive	crāwan	tō crāwenne
Indicative	**Present**	**Past**
1	crāwe	crēow
2	crǣwst, crāwest	crēowe
3	crǣwþ, crāweþ	crēow
Plural	crāwaþ	crēowon
	Present Perfect	**Past Perfect**
1	hæbbe crāwen	hæfde crāwen
2	hæfst crāwen	hæfdest crāwen
3	hæfþ crāwen	hæfde crāwen
Plural	habbaþ crāwen	hæfdon crāwen
Subjunctive	**Present**	**Past**
Singular	crāwe	crēowe
Plural	crāwen	crēowen
Imperative	**Sing.**	**Plural**
	crāw	crāwaþ
Participles	**Present**	**Past**
	crāwende	crāwen

Derivations and related words:

crāwe - f crow

crēopan to creep, crawl, walk with crutches Strong 2

Infinitive	crēopan	tō crēopenne
Indicative	**Present**	**Past**
1	crēope	crēap
2	crȳpst, crēopest	crupe
3	crȳpþ, crēopeþ	crēap
Plural	crēopaþ	crupon
	Present Perfect	**Past Perfect**
1	eom cropen	wæs cropen
2	eart cropen	wǣre cropen
3	ys cropen	wæs cropen
Plural	syndon cropen	wǣron cropen
Subjunctive	**Present**	**Past**
Singular	crēope	crupe
Plural	crēopen	crupen
Imperative	**Sing.**	**Plural**
	crēop	crēopaþ
Participles	**Present**	**Past**
	crēopende	cropen

Derivations and related words:

becrēopan - to creep, bring secretly, creep, reach by creeping
þurhcrēopan - to creep through
undercrēopan - to enter surreptitiously
crēopere - *m* creeper, cripple
crēopung - *f* creeping, stealing

cuman to come, go Strong 4

Infinitive	cuman	tō cumenne
Indicative	**Present**	**Past**
1	cume	cōm, cwōm
2	cymst, cumest	cōme, cwōme
3	cymþ, cymeþ, cumeþ	cōm, cwōm
Plural	cumaþ	cōmon, cwōmon
	Present Perfect	**Past Perfect**
1	eom cumen	wæs cumen
2	eart cumen	wǣre cumen
3	ys cumen	wæs cumen
Plural	syndon cumen	wǣron cumen
Subjunctive	**Present**	**Past**
Singular	cume	cōme
Plural	cumen	cōmen
Imperative	**Sing.**	**Plural**
	cum	cumaþ
Participles	**Present**	**Past**
	cumende	cumen, cymen

Derivations and related words:

acuman - to come, bear
aġēncuman - to come again
becuman - to become, happen, befall
efencuman - to come together, convene, assemble
eftcuman - to come back
forcuman - to surpass, overcome, destroy
fōr(e)cuman - to come before, prevent

forþcuman - to come forth, proceed
ofercuman - to overcome, vanquish, subdue
ancuman - to arrive
incuman - to enter, come in
cuma - *m* comer, guest
wilcuma - *m* welcome person
wilcume - *interj* welcome

cunnan	to know, be able, be acquainted with	Preterite-Present
Infinitive	cunnan	---
Indicative	**Present**	**Past**
1	cann	cūþe
2	canst	cūþest
3	cann	cūþe
Plural	cunnon	cūþon
	Present Perfect	**Past Perfect**
1	hæbbe cūþ / cunnen	hæfde cūþ / cunnen
2	hæfst cūþ / cunnen	hæfdest cūþ / cunnen
3	hæfþ cūþ / cunnen	hæfde cūþ / cunnen
Plural	habbaþ cūþ / cunnen	hæfdon cūþ / cunnen
Subjunctive	**Present**	**Past**
Singular	cunne	Cūþe
Plural	cunnen	Cūþen
Imperative	**Sing.**	**Plural**
	---	---
Participles	**Present**	**Past**
	cunnende	cūþ / cunnen

Derivations and related words:

ācunnan/oncunnan - to accuse
cūþ - *adj* known, clear, evident
cūþian - *wii* to become known
uncūþ - *adj* unknown, strange
namcūþ - *adj* having a well known name
hīwcūþ - *adj* familiar, well known

cweccan	to vibrate, move		Irregular Weak

Infinitive	cweccan		tō cweccenne
Indicative	**Present**		**Past**
1	cwecce		cweahte, cwehte
2	cwecest, cwecst		cweahtest, cwehtest
3	cweceþ, cwecþ		cweahte, cwehte
Plural	cweccaþ		cweahton, cwehton
	Present Perfect		**Past Perfect**
1	hæbbe cweaht		hæfde cweaht
2	hæfst cweaht		hæfdest cweaht
3	hæfþ cweaht		hæfde cweaht
Plural	habbaþ cweaht		hæfdon cweaht
Subjunctive	**Present**		**Past**
Singular	cwecce		cweahte
Plural	cweccen		cweahten
Imperative	**Sing.**		**Plural**
	cwecce		cweccaþ
Participles	**Present**		**Past**
	cweccende		cweaht

Derivations and related words:

acweccan - to shake, move quickly, vibrate
cweccung - *f* moving, shaking, vibrating

cwelan	to die		Strong 4
Infinitive	cwelan		tō cwelenne
Indicative	**Present**		**Past**
1	cwele		cwæl
2	cwilst		cwǣle
3	cwilþ, cwelþ		cwæl
Plural	cwelaþ		cwǣlon
	Present Perfect		**Past Perfect**
1	eom cwolen		wæs cwolen
2	eart cwolen		wǣre cwolen
3	ys cwolen		wæs cwolen
Plural	syndon cwolen		wǣron cwolen
Subjunctive	**Present**		**Past**
Singular	cwele		cwǣle
Plural	cwelen		cwǣlen
Imperative	**Sing.**		**Plural**
	cwel		cwelaþ
Participles	**Present**		**Past**
	cwelende		cwolen

Derivations and related words:

acwelan - to die, perish
ōþcwelan - to die
cwelm/cwealm - *m* death, destruction

cwellan	to kill, slay, quell		Irregular Weak
Infinitive	cwellan		tō cwellenne
Indicative	**Present**		**Past**
1	cwelle		cwealde
2	cwelst		cwealdest
3	cwelþ		cwealde
Plural	cwellaþ		cwealdon
	Present Perfect		**Past Perfect**
1	hæbbe cweald		hæfde cweald
2	hæfst cweald		hæfdest cweald
3	hæfþ cweald		hæfde cweald
Plural	habbaþ cweald		hæfdon cweald
Subjunctive	**Present**		**Past**
Singular	cwelle		cwealde
Plural	cwellen		cwealden
Imperative	**Sing.**		**Plural**
	cwelle		cwellaþ
Participles	**Present**		**Past**
	cwellende		cweald, cwelled

Derivations and related words:

acwellan - to kill, destroy
cwellere - *m* killer, slayer
cwellend - *m* killer, slayer

cweþan	to say, speak, quote		Strong 5

Infinitive	cweþan	tō cweþenne
Indicative	**Present**	**Past**
1	cweþe	cwæþ
2	cwiþst, cwiþest, cweþest, cwīst	cwæde
3	cwiþ, cweþ, cweþeþ	cwæþ
Plural	cweþaþ	cwædon
	Present Perfect	**Past Perfect**
1	hæbbe cweden	hæfde cweden
2	hæfst cweden	hæfdest cweden
3	hæfþ cweden	hæfde cweden
Plural	habbaþ cweden	hæfdon cweden
Subjunctive	**Present**	**Past**
Singular	cweþe	cwæde
Plural	cweþen	cwæden
Imperative	**Sing.**	**Plural**
	cweþ	cweþaþ
Participles	**Present**	**Past**
	cweþende	cweden

Derivations and related words:

ācweþan - to declare, utter andcweþan - to answer, reply wiþercweþan - to answer, reply yfelcweþan - to say bad things, curse	forcweþan - to blame, accuse, rebuke forecweþan - to predict, foretell weargcweþan - to curse, utter a malediction tōcweþan - to prohibit, forbid

Notes:

The expression **cwīst þū lā...?** *do you say...?* is a marker for a tag question.

ċȳpan	to sell, bargain for, buy		Weak I
Infinitive	ċȳpan, ċīpan		tō ċȳpenne
Indicative	**Present**		**Past**
1	ċȳpe		ċȳpte
2	ċȳpst, ċȳpest		ċȳptest
3	ċȳpþ, ċȳpeþ		ċȳpte
Plural	ċȳpaþ		ċȳpton
	Present Perfect		**Past Perfect**
1	hæbbe ċȳpt		hæfde ċȳpt
2	hæfst ċȳpt		hæfdest ċȳpt
3	hæfþ ċȳpt		hæfde ċȳpt
Plural	habbaþ ċȳpt		hæfdon ċȳpt
Subjunctive	**Present**		**Past**
Singular	ċȳpe		ċȳpte
Plural	ċȳpen		ċȳpten
Imperative	**Sing.**		**Plural**
	ċȳpe		ċȳpaþ
Participles	**Present**		**Past**
	ċȳpende		ċȳpt, ċȳped

Derivations and related words:

beċȳpan - to sell
ġeċȳpan - to purchase
ċȳpman - *m* merchant, ċhapman
ċȳpa - *m* merchant
ċīpedæg - market day
ċīping - *f* trading, marketing

dǣlan	to divide, separate		Weak I
Infinitive	dǣlan		tō dǣlenne
Indicative	**Present**		**Past**
1	dǣle		dǣlde
2	dǣlest		dǣldest
3	dǣleþ		dǣlde
Plural	dǣlaþ		dǣldon
	Present Perfect		**Past Perfect**
1	hæbbe dǣled		hæfde dǣled
2	hæfst dǣled		hæfdest dǣled
3	hæfþ dǣled		hæfde dǣled
Plural	habbaþ dǣled		hæfdon dǣled
Subjunctive	**Present**		**Past**
Singular	dǣle		dǣlde
Plural	dǣlen		dǣlden
Imperative	**Sing.**		**Plural**
	dǣle		dǣlaþ
Participles	**Present**		**Past**
	dǣlende		dǣled

Derivations and related words:

adǣlan - to divide, separate
bedǣlan - to deprive, bereave
fordǣlan - to deal out
tōdǣlan - to separate
twidǣlan - to divide in two
efndǣlan - to share alike
dǣl - *n* part, portion
dǣlere - *m* dealer, distributor

delfan   to dig, delve   Strong 3

Infinitive	delfan	tō delfenne
Indicative	**Present**	**Past**
1	delfe	dealf
2	dilfst, delfest	dulfe
3	dilfþ, delfeþ	dealf
Plural	delfaþ	dulfon
	Present Perfect	**Past Perfect**
1	hæbbe dolfen	hæfde dolfen
2	hæfst dolfen	hæfdest dolfen
3	hæfþ dolfen	hæfde dolfen
Plural	habbaþ dolfen	hæfdon dolfen
Subjunctive	**Present**	**Past**
Singular	delfe	dulfe
Plural	delfen	dulfen
Imperative	**Sing.**	**Plural**
	delf	delfaþ
Participles	**Present**	**Past**
	delfende	dolfen

Derivations and related words:

ādelfan - to dig, dig out
bedelfan - to dig in, bury, inter
fordelfan - to dig up
þurhdelfan - to dig through, bore through, pierce
underdelfan - to dig under, undermine
delf - *n* delving, digging

dēman	to deem, judge, reckon, determine	Weak I
Infinitive	dēman	tō dēmenne
Indicative	**Present**	**Past**
1	dēme	dēmde
2	dēmst, dēmest	dēmdest
3	dēmþ, dēmeþ	dēmde
Plural	dēmaþ	dēmdon
	Present Perfect	**Past Perfect**
1	hæbbe dēmed	hæfde dēmed
2	hæfst dēmed	hæfdest dēmed
3	hæfþ dēmed	hæfde dēmed
Plural	habbaþ dēmed	hæfdon dēmed
Subjunctive	**Present**	**Past**
Singular	dēme	dēmde
Plural	dēmen	dēmden
Imperative	**Sing.**	**Plural**
	dēme	dēmaþ
Participles	**Present**	**Past**
	dēmende	dēmed

Derivations and related words:

adēman - to judge, adjudge, deem, try (a case), adjudicate
fordēman - to condemn, damn
foredēman - to prejudge, judge before
tōdēman - to distinguish, judge between
dēma - *m* judge, thinker, consider, umpire

dēmere - *m* judge, deemer
yfeldēma - *m* unjust judge, biased judge
dōm - *m* doom, judgement, sentence (judicial), law, ordinance
dōmbōc - *f* law book, book of laws
dōmern - *n* courthouse, place of judgement

dōn	to do, make, cause		Irregular
Infinitive	dōn		tō dōnne
Indicative	**Present**		**Past**
1	dō		dyde
2	dēst		dydest
3	dēþ		dyde
Plural	dōþ		dydon
	Present Perfect		**Past Perfect**
1	hæbbe dōn		hæfde dōn
2	hæfst dōn		hæfdest dōn
3	hæfþ dōn		hæfde dōn
Plural	habbaþ dōn		hæfdon dōn
Subjunctive	**Present**		**Past**
Singular	dō		dyde
Plural	dōn		dydon
Imperative	**Sing.**		**Plural**
	dō		dōþ
Participles	**Present**		**Past**
	dōnde		dōn, dēn

Derivations and related words:

adōn - to take away, remove, banish	ōþdōn - to put out
ætdōn - to take away, deprive	misdōn - to do incorrectly, offend, transgress
bedōn - to shut	oferdōn - to overdo, to do in excess
fordōn - to do for, destroy, kill	undōn/ondōn - to undo, open
forþdōn - to put forth	underdōn - to put under
framadōn - to take away from, cut off	tōdōn - to pull apart, divide, separate
fuldōn/fulldōn - to do fully, complete	weldōn - to satisfy, please, do well
ġedōn - to do, make, cause, effect	ymbdōn - to put round, encompass

drǣdan to dread, fear   Strong 7

Infinitive	drǣdan	tō drǣdenne
Indicative	**Present**	**Past**
1	drǣde	drēd
2	drǣtst, drǣst, drǣdest	drēde
3	drǣt, drǣdeþ	drēd
Plural	drǣdaþ	drēdon
	Present Perfect	**Past Perfect**
1	hæbbe drǣden	hæfde drǣden
2	hæfst drǣden	hæfdest drǣden
3	hæfþ drǣden	hæfde drǣden
Plural	habbaþ drǣden	hæfdon drǣden
Subjunctive	**Present**	**Past**
Singular	drǣde	drēde
Plural	drǣden	drēden
Imperative	**Sing.**	**Plural**
	drǣd	drǣdaþ
Participles	**Present**	**Past**
	drǣdende	drǣden

Derivations and related words:

andrǣdan/ondrǣdan - to fear
ofdrǣd - *adj* terrified, afraid
ondrǣding - *f* fear, dread

dragan   to drag, draw   Strong 6

Infinitive	dragan	tō dragenne
Indicative	**Present**	**Past**
1	drage	drōg, drōh
2	drægst, dræhst, drægest	drōge
3	drægþ, dræhþ, drægeþ	drōg, drōh
Plural	dragaþ	drōgon
	Present Perfect	**Past Perfect**
1	hæbbe dragen	hæfde dragen
2	hæfst dragen	hæfdest dragen
3	hæfþ dragen	hæfde dragen
Plural	habbaþ dragen	hæfdon dragen
Subjunctive	**Present**	**Past**
Singular	drage	drōge
Plural	dragen	drōgen
Imperative	**Sing.**	**Plural**
	drag	dragaþ
Participles	**Present**	**Past**
	dragende	dragen

Derivations and related words:

ādragan - to draw out
bedragan - to draw aside, seduce

drēogan	to endure, dree, do, work, fight	Strong 2

Infinitive	drēogan	tō drēogenne
Indicative	**Present**	**Past**
1	drēoge	drēag
2	drȳhst, drēogest	druge
3	drȳhþ, drēogeþ	drēag
Plural	drēogaþ	drugon
	Present Perfect	**Past Perfect**
1	hæbbe drogen	hæfde drogen
2	hæfst drogen	hæfdest drogen
3	hæfþ drogen	hæfde drogen
Plural	habbaþ drogen	hæfdon drogen
Subjunctive	**Present**	**Past**
Singular	drēoge	druge
Plural	drēogen	drugen
Imperative	**Sing.**	**Plural**
	drēog	drēogaþ
Participles	**Present**	**Past**
	drēogende	drogen

Derivations and related words:

adrēogan - to act, perform, practice
ġedrēogan - to perform, finish, bear, suffer, accomplish
þurhdrēogan - to carry through, perform, pass time
ġedrēog - *n* retiring, modesty

drēosan to rush, fall, perish Strong 2

Infinitive	drēosan	tō drēosenne
Indicative	**Present**	**Past**
1	drēose	drēas
2	drȳst, drēosest	drure
3	drȳst, drēoseþ	drēas
Plural	drēosaþ	druron
	Present Perfect	**Past Perfect**
1	eom droren	wæs droren
2	eart droren	wǣre droren
3	ys droren	wæs droren
Plural	syndon droren	wǣron droren
Subjunctive	**Present**	**Past**
Singular	drēose	drure
Plural	drēosen	druren
Imperative	**Sing.**	**Plural**
	drēos	drēosaþ
Participles	**Present**	**Past**
	drēosende	droren

Derivations and related words:

adrēosan - to fall, decline
ġedrēosan - to fall together, disappear, fail
tōdrēosan - to fall apart, fall to pieces, decay
bedroren - *adj* deceived, deluded

drepan	to strike		Strong 5
Infinitive	drepan		tō drepenne
Indicative	**Present**		**Past**
1	drepe		dræp, drep
2	dripst, dripest, drepest		dræpe
3	dripþ, dripeþ, depeþ		dræp, drep
Plural	drepaþ		dræpon
	Present Perfect		**Past Perfect**
1	hæbbe drepen		hæfde drepen
2	hæfst drepen		hæfdest drepen
3	hæfþ drepen		hæfde drepen
Plural	habbaþ drepen		hæfdon drepen
Subjunctive	**Present**		**Past**
Singular	drepe		dræpe
Plural	drepen		dræpen
Imperative	**Sing.**		**Plural**
	drep		drepaþ
Participles	**Present**		**Past**
	drepende		drepen, dropen

Derivations and related words:

ġedrepan - to strike, smite
drepe - *m* striking, slaying, strike, stroke

drīfan to drive, force, pursue Strong 1

Infinitive	drīfan	tō drīfenne
Indicative	**Present**	**Past**
1	drīfe	drāf
2	drīfst, drīfest	drife
3	drīfþ, drīfeþ	drāf
Plural	drīfaþ	drifon, dreofon
	Present Perfect	**Past Perfect**
1	hæbbe drifen	hæfde drifen
2	hæfst drifen	hæfdest drifen
3	hæfþ drifen	hæfde drifen
Plural	habbaþ drifen	hæfdon drifen
Subjunctive	**Present**	**Past**
Singular	drīfe	drife
Plural	drīfen	drifen
Imperative	**Sing.**	**Plural**
	drīf	drīfaþ
Participles	**Present**	**Past**
	drīfende	drifen

Derivations and related words:

adrīfan - to drive off, expel, stake, pursue, follow up
bedrīfan - to enforce someone to do something, follow, pursue
fordrīfan - to drive away, force, compel, drive off, drive out, eject, banish
gedrīfan - to drive, go adrift, bedriven, cast away
indrīfan - to impel, send forth, utter
tōdrīfan - to drive in different directions
þurhdrīfan - to drive through, pierce
wiþdrīfan - to repel
undrifen - *adj* not driven

drincan	to drink, quench thirst	Strong 3
Infinitive	drincan	tō drincenne
Indicative	**Present**	**Past**
1	drince	dranc
2	drincst	drunce
3	drincþ	dranc
Plural	drincaþ	druncon
	Present Perfect	**Past Perfect**
1	hæbbe druncen	hæfde druncen
2	hæfst druncen	hæfdest druncen
3	hæfþ druncen	hæfde druncen
Plural	habbaþ druncen	hæfdon druncen
Subjunctive	**Present**	**Past**
Singular	drince	drunce
Plural	drincen	druncen
Imperative	**Sing.**	**Plural**
	drinc	drincaþ
Participles	**Present**	**Past**
	drincende	druncen

Derivations and related words:

adrincan - to be immersed, quenched with water, be drowned ādrincan - to drink up fordrincan - to inebriate, become drunk ofdrincan - to intoxicate oferdrincan - to overdrink ondrincan (+gen) - to drink of	drinc - *m* drink, beverage, draught drinca - *m* drink drincefæt - *n* drinking cup oferdrincere - *m* drunkard druncennes - *f* drunkeness druncnian - *wii* to become drunk

dūfan	to dive, sink		Strong 2
Infinitive	dūfan		tō dūfenne
Indicative	**Present**		**Past**
1	dūfe		dēaf
2	dȳfst		dufe
3	dȳfþ		dēaf
Plural	dūfaþ		dufon
	Present Perfect		**Past Perfect**
1	hæbbe dofen		hæfde dofen
2	hæfst dofen		hæfdest dofen
3	hæfþ dofen		hæfde dofen
Plural	habbaþ dofen		hæfdon dofen
Subjunctive	**Present**		**Past**
Singular	dūfe		dufe
Plural	dūfen		dufen
Imperative	**Sing.**		**Plural**
	dūf		dūfaþ
Participles	**Present**		**Past**
	dūfende		dofen

Derivations and related words:

bedūfan - to dive under, bedive, put under
þurhdūfan - to dive through
dūfian - *wii* to dive, sink
dȳfing - *f* diving

dugan	to be good, be useful, avail	Preterite-Present
Infinitive	dugan	tō dugenne
Indicative	**Present**	**Past**
1	deah, deag	dohte
2	deaht	dohtest
3	deah, deag	dohte
Plural	dugon	dohton
	Present Perfect	**Past Perfect**
1	hæbbe dugen	hæfde dugen
2	hæfst dugen	hæfdest dugen
3	hæfþ dugen	hæfde dugen
Plural	habbaþ dugen	hæfdon dugen
Subjunctive	**Present**	**Past**
Singular	duge	dohte
Plural	dugen	dohten
Imperative	**Sing.**	**Plural**
	duge	dugaþ
Participles	**Present**	**Past**
	dugende	dugen

Derivations and related words:

duguþ - *adj* good, honorable

durran	to dare		Preterite-Present
Infinitive	durran		tō durrenne
Indicative	**Present**		**Past**
1	dear		dorste
2	dearst		dorstest
3	dear		dorste
Plural	durron		dorston
	Present Perfect		**Past Perfect**
1	hæbbe dorron		hæfde dorron
2	hæfst dorron		hæfdest dorron
3	hæfþ dorron		hæfde dorron
Plural	habbaþ dorron		hæfdon dorron
Subjunctive	**Present**		**Past**
Singular	durre		dorste
Plural	durren		dorsten
Imperative	**Sing.**		**Plural**
	durre		durraþ
Participles	**Present**		**Past**
	durrende		dorron

Derivations and related words:

dearrscipe - *m* rashness, presumption

dȳppan   to dip, baptize   Weak I

Infinitive	dȳppan	tō dȳppenne
Indicative	**Present**	**Past**
1	dȳpe	dȳpte
2	dȳpest	dȳptest
3	dȳpeþ, dȳpþ	dȳpte
Plural	dȳpaþ	dȳpton
	Present Perfect	**Past Perfect**
1	hæbbe dȳped	hæfde dȳped
2	hæfst dȳped	hæfdest dȳped
3	hæfþ dȳped	hæfde dȳped
Plural	habbaþ dȳped	hæfdon dȳped
Subjunctive	**Present**	**Past**
Singular	dȳpe	dȳpte
Plural	dȳpen	dȳpten
Imperative	**Sing.**	**Plural**
	dȳpe	dȳpaþ
Participles	**Present**	**Past**
	dȳpende	dȳped

Derivations and related words:

bedȳppan - to dip, immerse

endian	to end, complete, finish, come to an end, make an end	Weak II
Infinitive	endian	tō endian
Indicative	**Present**	**Past**
1	endie	endode
2	endast	endodest
3	endaþ	endode
Plural	endiaþ	endodon
	Present Perfect	**Past Perfect**
1	hæbbe endod	hæfde endod
2	hæfst endod	hæfdest endod
3	hæfþ endod	hæfde endod
Plural	habbaþ endod	hæfdon endod
Subjunctive	**Present**	**Past**
Singular	endie	endode
Plural	endien	endodon
Imperative	**Sing.**	**Plural**
	enda	endiaþ
Participles	**Present**	**Past**
	endiende	endod

Derivations and related words:

ġeendian - to end, finish, accomplish, complete
ġeendadung - *f* finishing, consummation
(ġe)ende - *m* end
unġeendod - *adj* endless, without end, not coming to an end
unġeendodlīċ - *adj* infinite

etan	to eat, consume		Strong 5
Infinitive	etan		tō etanne
Indicative	**Present**		**Past**
1	ete		ǣt
2	ytst, itst, etst, etest		ǣte
3	ytt, yt, et, ett, iteþ		ǣt
Plural	etaþ		ǣton
	Present Perfect		**Past Perfect**
1	hæbbe eten		hæfde eten
2	hæfst eten		hæfdest eten
3	hæfþ eten		hæfde eten
Plural	habbaþ eten		hæfdon eten
Subjunctive	**Present**		**Past**
Singular	ete		ǣte
Plural	eten		ǣten
Imperative	**Sing.**		**Plural**
	et		etaþ
Participles	**Present**		**Past**
	etende		eten

Derivations and related words:

efenetan - to eat an equal amount
ġeetan - to eat together, eat, consume
þurhetan - to eat through
underetan - to eat below, sap
ete - *m* eating
etere - *m* eater, consumer
oferetol - *adj* overeating, gluttonous

faran   to travel, go, proceed, journey   Strong 6

Infinitive	faran	tō farenne
Indicative	**Present**	**Past**
1	fare	fōr
2	færst, farest, færest	fōre
3	færþ, fareþ, færeþ	fōr
Plural	faraþ	fōron
	Present Perfect	**Past Perfect**
1	eom faren	wæs faren
2	eart faren	wǣre faren
3	ys faren	wæs faren
Plural	syndon faren	wǣron faren
Subjunctive	**Present**	**Past**
Singular	fare	fōre
Plural	faren	fōren
Imperative	**Sing.**	**Plural**
	far	faraþ
Participles	**Present**	**Past**
	farende	faren

Derivations and related words:

ætfaran - to go away
afaran - to depart
befaran - to go round, traverse
forfaran - to pass away, perish
fōrfaran - to go before
forþfaran - to go forth, depart
fullfaran - to go on a journey
ġeondfaran - to go through
infaran - to enter

oferfaran - to pass
misfaran - to transgress, go astray
ōþfaran - to escape
tōfaran - to go in different directions
þurhfaran - to go through, traverse
wiþfaran - to escape
ymbfaran - to surround
offaran - to overtake
fara - *m* traveller

fealdan	to fold up, wrap	Strong 7
Infinitive	fealdan	tō fealdenne
Indicative	**Present**	**Past**
1	fealde	fēold
2	fylst, fealdest	fēolde
3	fylt, fealdeþ	fēold
Plural	fealdaþ	fēoldon
	Present Perfect	**Past Perfect**
1	hæbbe fealden	hæfde fealden
2	hæfst fealden	hæfdest fealden
3	hæfþ fealden	hæfde fealden
Plural	habbaþ fealden	hæfdon fealden
Subjunctive	**Present**	**Past**
Singular	fealde	fēolde
Plural	fealden	fēolden
Imperative	**Sing.**	**Plural**
	feald	fealdaþ
Participles	**Present**	**Past**
	fealdende	fealden

Derivations and related words:

befealdan - to fold, infold, clasp, involve
fēowerfealdan - to make fourfold
fulfealdan - to explain
ġemeniġfealdan - to multiply, increase,

onfealdan/unfealdan - to unfold, unroll
twifealdan - to double, make twofold
ānfeald - *adj* one fold, singular, simple
hundfeald - *adj* hundred fold

Notes:

The alternative spealling **fildan** is also seen, and many words related to **feald** involve numbers to indicate the intervals.

feallan	to fall, fall down, fail	Strong 7
Infinitive	feallan	tō feallenne
Indicative	**Present**	**Past**
1	fealle	fēoll
2	fylst, felst, feallest	fēolle
3	fylþ, felþ, fealleþ	fēoll
Plural	feallaþ	fēollon
	Present Perfect	**Past Perfect**
1	hæbbe feallen	hæfde feallen
2	hæfst feallen	hæfdest feallen
3	hæfþ feallen	hæfde feallen
Plural	habbaþ feallen	hæfdon feallen
Subjunctive	**Present**	**Past**
Singular	fealle	fēolle
Plural	feallen	fēollen
Imperative	**Sing.**	**Plural**
	feall	feallaþ
Participles	**Present**	**Past**
	feallende	feallen

Derivations and related words:

ætfeallan - to fall away, drop
befeallan - to fall
forfeallan - to destroy by falling
oferfeallan - to fall upon, attack
offeallan - to fall upon, destroy
ōþfeallan - to fall away, fail, decay

tōfeallan - to fall to piece, collapse, fall down
feall - *f* fall, trap, pitfall
onfeallende - *adj* rushing
wælfeall - *n* fall of the slain
wætergefeall - *n* waterfall

feohtan	to fight	Strong 3
Infinitive	feohtan	tō feohtenne
Indicative	**Present**	**Past**
1	feohte	feaht
2	feohtest, *fihtst	fuhte
3	fiht, feohteþ	feaht
Plural	feohtaþ	fuhton
	Present Perfect	**Past Perfect**
1	hæbbe fohten	hæfde fohten
2	hæfst fohten	hæfdest fohten
3	hæfþ fohten	hæfde fohten
Plural	habbaþ fohten	hæfdon fohten
Subjunctive	**Present**	**Past**
Singular	feohte	fuhte
Plural	feohten	fuhten
Imperative	**Sing.**	**Plural**
	feoht	feohtaþ
Participles	**Present**	**Past**
	feohtende	fohten

Derivations and related words:

ætfeohtan - to fight, contend
befeohtan - to deprive by fight, pillage
oferfeohtan - to conquer
wiþfeohtan - to fight against
afeohtan - to attack, fight against

feoht - *n* battle, fight
feohtend - *m* fighter, warrior
scipġefeoht - *n* naval battle
infiht - *n* an attack to someone living in the same dwelling

findan	to find, invent, determine	Strong 3
Infinitive	findan	tō findenne
Indicative	**Present**	**Past**
1	finde	fand, fond
2	fintst, findst, finst, findest	funde
3	fint, findeþ	fand, fond
Plural	findaþ	fundon
	Present Perfect	**Past Perfect**
1	hæbbe funden	hæfde funden
2	hæfst funden	hæfdest funden
3	hæfþ funden	hæfde funden
Plural	habbaþ funden	hæfdon funden
Subjunctive	**Present**	**Past**
Singular	finde	funde
Plural	finden	funden
Imperative	**Sing.**	**Plural**
	find	findaþ
Participles	**Present**	**Past**
	findende	funden

Derivations and related words:

afindan - to find, feel, experience, detect
onfindan/anfindan/infindan - to find out, discover
findele - *f* invention, device

flēogan	to fly, flee, flee from	Strong 2
Infinitive	flēogan	tō flēogenne
Indicative	**Present**	**Past**
1	flēoge	flēag
2	flēogest	fluge
3	flēogeþ	flēag
Plural	flēogaþ	flugon
	Present Perfect	**Past Perfect**
1	hæbbe flogen	hæfde flogen
2	hæfst flogen	hæfdest flogen
3	hæfþ flogen	hæfde flogen
Plural	habbaþ flogen	hæfdon flogen
Subjunctive	**Present**	**Past**
Singular	flēoge	fluge
Plural	flēogen	flugon
Imperative	**Sing.**	**Plural**
	flēog	flēogaþ
Participles	**Present**	**Past**
	flēogende	flogen

Derivations and related words:

beflēogan - to fly around or about, come by flying
ōþflēogan - to fly away
tōflēogan - to fly asunder, fly to pieces
flēoge - *f* fly (insect)
hēofonflēogende - *adj* flying in the air
flēogende - *adj* winged, flying

flēon to flee, escape, avoid   Strong 2 contract

Infinitive	flēon	tō flēonne
Indicative	**Present**	**Past**
1	flēo	flēah
2	flīhst, flȳhst	fluge
3	flīhþ, flȳhþ	flēah
Plural	flēoþ	flugon
	Present Perfect	**Past Perfect**
1	eom flogen	wæs flogen
2	eart flogen	wǣre flogen
3	ys flogen	wæs flogen
Plural	syndon flogen	wǣron flogen
Subjunctive	**Present**	**Past**
Singular	flēo	fluge
Plural	flēon	flugen
Imperative	**Sing.**	**Plural**
	flēo	flēoþ
Participles	**Present**	**Past**
	flēonde	flogen

Derivations and related words:

ætflēon - to flee away, escape
aflēon - to flee away
beflēon - to flee, flee away, escape
forflēon - to flee away
framflēon - to flee from

oferflēon - to flee over
ōþflēon - to flee away, escape
tōflēon - to flee in different directions
flugol - *adj* apt to fly or flee

flōwan	to flow		Strong 7
Infinitive	flōwan		tō flōwenne
Indicative	**Present**		**Past**
1	flōwe		fleow
2	flēwst, flōwest		fleowe
3	flewþ, flōweþ		fleow
Plural	flōwaþ		fleowon
	Present Perfect		**Past Perfect**
1	hæbbe flōwen		hæfde flōwen
2	hæfst flōwen		hæfdest flōwen
3	hæfþ flōwen		hæfde flōwen
Plural	habbaþ flōwen		hæfdon flōwen
Subjunctive	**Present**		**Past**
Singular	flōwe		fleowe
Plural	flōwen		fleowen
Imperative	**Sing.**		**Plural**
	flōw		flōwaþ
Participles	**Present**		**Past**
	flōwende		flōwen

Derivations and related words:

ætflōwan - to flow together, increase
beflōwan - to overflow
forþflōwan - to flow forth
ġeondflōwan - to flow through
underflōwan - to flow under
tōflōwan - to flow in different directions, disperse by flowing
eftflōwung - *f* redundance
flōwing - *f* flowing, flux
oferflōwend - *adj* superfluous
oferflōwness - *f* superfluidity, overflowing

fōn   to grasp, seize, take, accept   Strong 7 contract

Infinitive	fōn	tō fōnne
Indicative	**Present**	**Past**
1	fō	fēng
2	fēhst	fēnge
3	fēhþ	fēng
Plural	fōþ	fēngon
	Present Perfect	**Past Perfect**
1	hæbbe fangen	hæfde fangen
2	hæfst fangen	hæfdest fangen
3	hæfþ fangen	hæfde fangen
Plural	habbaþ fangen	hæfdon fangen
Subjunctive	**Present**	**Past**
Singular	fō	fēnge
Plural	fōn	fēngen
Imperative	**Sing.**	**Plural**
	fōh	fōþ
Participles	**Present**	**Past**
	fengend	fangen, fongen

Derivations and related words:

ætbefōn - to take, attach
ætfōn - to claim, lay claim, attach
afōn - to receive, take, take up
anfōn - to take, receive, perceive, comprehend
befōn - to comprehend, grasp, seize, catch
fōrefōn - to take before, anticipate
forfōn - to forefeit, to have something taken
misfōn - to mistake, fail to take
oferfōn - to seize
onfōn - to take
þurhfōn - to get through, penetrate

underfōn - to receive, have given, get
wiþfōn - to lay seize on, seize on
ymbfōn - to grasp, clasp
andfeng - *m* defender, receiving, defence
andfenga - *m* defender, undertaker, receiver
underfeng - *m* undertaking, acceptance
unfenge - *adj* unacceptable
ymbfeng - *m* cover, envelope
onfenge - *adj* taken, accept, *m* receptable, seizing
onfengness - *f* reception, acceptance
inwitfeng - *m* malicious grasp

fremman	to do, make, frame, advance, perform, commit	Weak I
Infinitive	fremman	tō fremmenne
Indicative	**Present**	**Past**
1	fremme	fremede, fremde
2	fremest	fremedest
3	fremeþ	fremede
Plural	fremmaþ	fremedon
	Present Perfect	**Past Perfect**
1	hæbbe fremed	hæfde fremed
2	hæfst fremed	hæfdest fremed
3	hæfþ fremed	hæfde fremed
Plural	habbaþ fremed	hæfdon fremed
Subjunctive	**Present**	**Past**
Singular	fremme	fremede
Plural	fremmen	fremeden
Imperative	**Sing.**	**Plural**
	freme	fremmaþ
Participles	**Present**	**Past**
	fremmende	fremed

Derivations and related words:

forþġefremman - to move forwards, cause to advance	rihtfremmend - *m* one who does right
fullfremman - to fulfill, finish, perfect, practice	firenfremmende - *adj* commiting sin
	onġefremming - *f* imperfection
ġefremman - to promote, perfect, perform	welfreming - *f* well-doing, benefit, kindness
	gūþfremmende - *adj* one doing battle or fighting

frēogan	to free, like, love		Weak I (contract)
Infinitive	frēogan, frēon		tō frēogenne
Indicative	**Present**		**Past**
1	frēo		frēode
2	frēost		frēodest
3	frēoþ		frēode
Plural	frēogaþ, frēoþ		frēodon
	Present Perfect		**Past Perfect**
1	hæbbe frēod		hæfde frēod
2	hæfst frēod		hæfdest frēod
3	hæfþ frēod		hæfde frēod
Plural	habbaþ frēod		hæfdon frēod
Subjunctive	**Present**		**Past**
Singular	frēoge		frēode
Plural	frēogen		frēoden
Imperative	**Sing.**		**Plural**
	frēo		frēogaþ, frēoþ
Participles	**Present**		**Past**
	frēogende		frēod

Derivations and related words:

befrēon - to make free
frēond - *m* friend
friġ - *adj* free

Notes:

Sometimes the **g** becomes a **w**.

frēosan to freeze   Strong 2

Infinitive	frēosan	tō frēosenne
Indicative	**Present**	**Past**
1	frēose	frēas
2	frȳst, frēosest	fure
3	frȳst, frēoseþ	frēas
Plural	frēosaþ	furon
	Present Perfect	**Past Perfect**
1	hæbbe froren	hæfde froren
2	hæfst froren	hæfdest froren
3	hæfþ froren	hæfde froren
Plural	habbaþ froren	hæfdon froren
Subjunctive	**Present**	**Past**
Singular	frēose	frure
Plural	frēosen	fruren
Imperative	**Sing.**	**Plural**
	frēos	frēosaþ
Participles	**Present**	**Past**
	frēosende	froren

Derivations and related words:

oferfroren - *adj* over frozen
frore - *m* ice, icicle, frost
frēoriġ - *adj* freezing, chilled, frigid

fretan	to devour, consume, fret		Strong 5
Infinitive	fretan		tō fretenne
Indicative	**Present**		**Past**
1	frete		frǣt
2	fritst, fritest		frǣte
3	fritt, friteþ, freteþ		frǣt
Plural	fretaþ		frǣton
	Present Perfect		**Past Perfect**
1	hæbbe freten		hæfde freten
2	hæfst freten		hæfdest freten
3	hæfþ freten		hæfde freten
Plural	habbaþ freten		hæfdon freten
Subjunctive	**Present**		**Past**
Singular	frete		frǣte
Plural	freten		frǣten
Imperative	**Sing.**		**Plural**
	fret		fretaþ
Participles	**Present**		**Past**
	fretende		freten

Derivations and related words:

offrettan - to eat up, devour
fretol - *adj* gluttoneous
fretnes - *f* a devouring
fretere - *m* a devourer, glutton

friġnan to inquire, ask Strong 3

Infinitive	friġnan, frinan, freġnan	tō friġnenne
Indicative	**Present**	**Past**
1	friġne	fræġn, freġen
2	friġnest	fruge
3	friġneþ	fræġn, freġen
Plural	friġnaþ	frugon
	Present Perfect	**Past Perfect**
1	hæbbe frugnen	hæfde frugnen
2	hæfst frugnen	hæfdest frugnen
3	hæfþ frugnen	hæfde frugnen
Plural	habbaþ frugnen	hæfdon frugnen
Subjunctive	**Present**	**Past**
Singular	friġne	frugne
Plural	friġnen	frugnen
Imperative	**Sing.**	**Plural**
	friġn	friġnaþ
Participles	**Present**	**Past**
	friġnende	frugnen

Derivations and related words:

befrinan - to ask, inquire, learn
friġnes - *f* question, inquiry
friġnung - *f* question, inquiry
befriġnung - *f* enquiry, investigation

Notes:

Frinan tends to change to **fran** in the past of the 1st and 3rd person singular.

fyrhtan — to frighten, terrify — Weak I

Infinitive	fyrhtan	tō fyrhtenne
Indicative	**Present**	**Past**
1	fyrhte	fyrhte / fyrhtede
2	fyrhtest	fyrhtest / fyrhtedest
3	fyrhteþ	fyrhte / fyrhtede
Plural	fyrhtaþ	fyrhton / fyrhtedon
	Present Perfect	**Past Perfect**
1	hæbbe fyrhted	hæfde fyrhted
2	hæfst fyrhted	hæfdest fyrhted
3	hæfþ fyrhted	hæfde fyrhted
Plural	habbaþ fyrhted	hæfdon fyrhted
Subjunctive	**Present**	**Past**
Singular	fyrhte	fyrhte
Plural	fyrhten	fyrhten
Imperative	**Sing.**	**Plural**
	fyrhte	fyrhtaþ
Participles	**Present**	**Past**
	fyrhtende	fyrhted

Derivations and related words:

afyrhtan - to affright, terrify
fyrhto - *f* fear, terror, fright, dread

galan	to sing, enchant		Strong 6
Infinitive	galan		tō galenne
Indicative	**Present**		**Past**
1	gale		gōl
2	gælst, gælest		gōle
3	gælþ, gæleþ		gōl
Plural	galaþ		gōlon
	Present Perfect		**Past Perfect**
1	hæbbe galen		hæfde galen
2	hæfst galen		hæfdest galen
3	hæfþ galen		hæfde galen
Plural	habbaþ galen		hæfdon galen
Subjunctive	**Present**		**Past**
Singular	gale		gōle
Plural	galen		gōlen
Imperative	**Sing.**		**Plural**
	gal		galaþ
Participles	**Present**		**Past**
	galende		galen

Derivations and related words:

begalan - to enchant
agalan - to sing, chant
ongalan - to charm
galere - *m* singer, enchanter
wyrmgalere - *m* snake charmer

gān	to go		Irregular verb
Infinitive	gān		tō gānne
Indicative	**Present**		**Past**
1	gā		ēode
2	gǣst		ēodest
3	gǣþ		ēode
Plural	gāþ		ēodon
	Present Perfect		**Past Perfect**
1	eom gān		wæs gān
2	eart gān		wǣre gān
3	ys gān		wæs gān
Plural	syndon gān		wǣron gān
Subjunctive	**Present**		**Past**
Singular	gā		ēode
Plural	gān		ēoden
Imperative	**Sing.**		**Plural**
	gā		gāþ
Participles	**Present**		**Past**
	gāngende		gān

Derivations and related words:

agān - to come to pass, happen
begān - to go over, surround, occupy, dwell
ymbgān - to go around
ingān - to go in, enter

þurhgān - to go through, over
ofergān - to go over, overspread
ofgān - to demand, to start
tōgān - to go in different directions, part, separate

gangan — to go, walk — Strong 7

Infinitive	gangan, gongan, goncgan	tō gangenne

Indicative	Present	Past
1	gange	gēng
2	gangest	gēnge
3	gangeþ	gēng
Plural	gangaþ	gēngon

	Present Perfect	Past Perfect
1	eom gangen	wæs gangen
2	eart gangen	wǣre gangen
3	ys gangen	wæs gangen
Plural	syndon gangen	wǣron gangen

Subjunctive	Present	Past
Singular	gange	gēnge
Plural	gangen	gēngen

Imperative	Sing.	Plural
	gang	gangaþ

Participles	Present	Past
	gangende	gangen

Derivations and related words:

agangan - to pass, happen
begangan - to practice, exercise, go about, worship
fōrgangan - to go before, precede
forgangan - to forgo, abstain
forþgangan - to go forth, go before, precede
fromgangan - to go away
ġeondgangan - to go through or about
þurhgangan - to go through
undergangan - to undergo

wiþgangan - to go against
ymbgangan - to go about or around, surround, emcompass
tōgangan - to go in different directions, part
ofergangan - to cross, traverse
ingangan - to enter, go in
ofgangan - to require
fulgangan - to fulfill, perfect, follow, finish
begang - *m* course, way, passage
ingang - *m* entrance
ūtgang - *m* exit

ġēotan　　to flow, pour, pour out, shed (tears)　　Strong 2

Infinitive	ġēotan	tō ġēotenne
Indicative	**Present**	**Past**
1	ġēote	ġēat
2	ġȳtst, ġȳst	gute
3	ġȳt	ġēat
Plural	ġēotaþ	guton
	Present Perfect	**Past Perfect**
1	hæbbe goten	hæfde goten
2	hæfst goten	hæfdest goten
3	hæfþ goten	hæfde goten
Plural	habbaþ goten	hæfdon goten
Subjunctive	**Present**	**Past**
Singular	ġēote	gute
Plural	ġēoten	guten
Imperative	**Sing.**	**Plural**
	ġēot	ġēotaþ
Participles	**Present**	**Past**
	ġēotende	goten

Derivations and related words:

aġēotan - to pour out, shed, spill
beġēotan - to cast out, cast upon, sprinkle,
blōdġēotan - to shed blood
inġēotan - to pour in
ofġēotan - to souse, soak
oferġēotan - to pour over, suffuse
þurhġēotan - to pour over,

tōġēotan - to diffuse, spread
ġeondġēotan - to pour, pour out
forþġēotan - to pour forth
onġēotan - to infuse
blōdġēotere - *m* blood shedder, shedder of blood
ġēotere - *m* melter, smelter, founder

ġieldan	to yield, pay, render		Strong 3
Infinitive	ġieldan, ġildan, ġyldan		tō ġieldenne

Indicative	**Present**	**Past**
1	ġielde	ġeald
2	ġieltst, ġieldest	gulde
3	ġielt, ġieldeþ	ġeald
Plural	ġieldaþ	guldon

	Present Perfect	**Past Perfect**
1	hæbbe golden	hæfde golden
2	hæfst golden	hæfdest golden
3	hæfþ golden	hæfde golden
Plural	habbaþ golden	hæfdon golden

Subjunctive	**Present**	**Past**
Singular	ġielde	gulde
Plural	ġielden	gulden

Imperative	**Sing.**	**Plural**
	ġield	ġieldaþ

Participles	**Present**	**Past**
	ġieldende	golden

Derivations and related words:

aġieldan - to pay, repay
forġieldan - to repay, pay for, requite, recompense, reward
anġildan - to repay, atone for, pay back
ġield - *n* payment of money, recompense
nīdġild - *n* enforced payment, tribute

ānġild - *n* property to be paid for, payment, compensation
nīdġilda - *m* someone who is forced to pay
unġild - *n* excessive tax
werġild - *n* price set upon a person according to his place in society

ġiellan to yell, chirp Strong 3

Infinitive	ġiellan, ġillan, ġellan, ġellan	tō ġiellenne
Indicative	**Present**	**Past**
1	ġielle	ġeal
2	ġielst, ġiellest	gule
3	ġielþ, ġielleþ	ġeal
Plural	ġiellaþ	gullon
	Present Perfect	**Past Perfect**
1	hæbbe gollen	hæfde gollen
2	hæfst gollen	hæfdest gollen
3	hæfþ gollen	hæfde gollen
Plural	habbaþ gollen	hæfdon gollen
Subjunctive	**Present**	**Past**
Singular	ġielle	gulle
Plural	ġiellen	gullen
Imperative	**Sing.**	**Plural**
	ġiell	ġiellaþ
Participles	**Present**	**Past**
	ġiellende	gollen

Derivations and related words:

beġiellan - to scream, sing, celebrate with song
stānġella - *m* stone yeller, bird which can be heard through the rocks

Notes:

As with other words with various spellings, the verbs forms may change depending on the base infinitive preferred.

ġifan	to give		Strong 5
Infinitive	ġifan, ġyfan, ġiefan, ġeofan		tō ġifenne
Indicative	**Present**		**Past**
1	ġife		ġeaf
2	ġifst, ġifest		ġēafe, ġēfe
3	ġifþ, ġifeþ		ġeaf
Plural	ġifaþ		ġēafon, ġēfon
	Present Perfect		**Past Perfect**
1	hæbbe ġifen		hæfde ġifen
2	hæfst ġifen		hæfdest ġifen
3	hæfþ ġifen		hæfde ġifen
Plural	habbaþ ġifen		hæfdon ġifen
Subjunctive	**Present**		**Past**
Singular	ġife		ġēafe
Plural	ġifen		ġēafen
Imperative	**Sing.**		**Plural**
	ġif		ġifaþ
Participles	**Present**		**Past**
	ġifende		ġifen, ġyfen, ġiefen

Derivations and related words:

ætġifan - to render, afford, give to
aġifan - to restore, repay, give back
edġifan - to give again
forġifan - to bestow, forgive, give, permit
ġeġifan - to deliver, give
ofġifan - to give up, abandon, leave

onġifan - to give back
eftaġyfan - to give back
ġifu - *f* gift, grave
ġifa - *m* giver
ġifol - *adj* generous, munificent

ġitan	to get, obtain		Strong 5
Infinitive	ġitan, ġietan, ġytan		tō ġitenne

Indicative	Present	Past
1	ġite	ġeat
2	ġitst, ġitest	ġēate
3	ġit	ġeat
Plural	ġitaþ	ġēaton
	Present Perfect	Past Perfect
1	hæbbe ġiten	hæfde ġiten
2	hæfst ġiten	hæfdest ġiten
3	hæfþ ġiten	hæfde ġiten
Plural	habbaþ ġiten	hæfdon ġiten

Subjunctive	Present	Past
Singular	ġite	ġēate
Plural	ġiten	ġēaten

Imperative	Sing.	Plural
	ġit	ġitaþ

Participles	Present	Past
	ġitende	ġiten

Derivations and related words:

aġitan - to destroy, abolish
āġitan - to find out, get to know
andġitan - to understand, comprehend, perceive
anġitan - to seize, lay hold of

beġitan - to obtain, get, seize, beget,
forġitan - to forget, neglect
oferġitan - to forget, neglect
underġitan - to understand

glīdan	to glide, slip, slide		Strong 1
Infinitive	glīdan		tō glīdenne
Indicative	**Present**		**Past**
1	glīde		glād
2	glīdest, *glītst		glide
3	glīt, glīdeþ		glād
Plural	glīdaþ		glidon
	Present Perfect		**Past Perfect**
1	hæbbe gliden		hæfde gliden
2	hæfst gliden		hæfdest gliden
3	hæfþ gliden		hæfde gliden
Plural	habbaþ gliden		hæfdon gliden
Subjunctive	**Present**		**Past**
Singular	glīde		glide
Plural	glīden		gliden
Imperative	**Sing.**		**Plural**
	glīd		glīdaþ
Participles	**Present**		**Past**
	glīdende		gliden

Derivations and related words:

ætglīdan - to slip away, disappear
beglīdan - to disappear, slip away, slip off
ōþglīdan - to slip away
tōglīdan - to glide in different directions, glide away
glid - *adj* slippery
glida - *m* kite, glede

grafan	to dig, delve, engrave, carve	Strong 6
Infinitive	grafan	tō grafenne
Indicative	**Present**	**Past**
1	grafe	grōf
2	græfst, græfest	grōfe
3	græfþ, græfeþ	grōf
Plural	grafaþ	grōfon
	Present Perfect	**Past Perfect**
1	hæbbe grafen	hæfde grafen
2	hæfst grafen	hæfdest grafen
3	hæfþ grafen	hæfde grafen
Plural	habbaþ grafen	hæfdon grafen
Subjunctive	**Present**	**Past**
Singular	grafe	grōfe
Plural	grafen	grōfen
Imperative	**Sing.**	**Plural**
	graf	grafaþ
Participles	**Present**	**Past**
	grafende	grafen

Derivations and related words:

agrafan - to engrave, inscribe
āgrafan - to engrave, emboss
begrafan - to bury
graf/græf - *n* grave, trench, engraving tool
græfere - *m* engraver, graver
stāngræf - *n* stone quarry
eorþgræf - *n* hold in the ground

grētan	to greet, hail, approach		Weak I
Infinitive	grētan		tō grētenne

Indicative	**Present**	**Past**
1	grēte	grētte
2	grētest	grēttest
3	grēteþ	grētte
Plural	grētaþ	grētton
	Present Perfect	**Past Perfect**
1	hæbbe grēted	hæfde grēted
2	hæfst grēted	hæfdest grēted
3	hæfþ grēted	hæfde grēted
Plural	habbaþ grēted	hæfdon grēted

Subjunctive	**Present**	**Past**
Singular	grēte	grētte
Plural	grēten	grētten

Imperative	**Sing.**	**Plural**
	grēte	grētaþ

Participles	**Present**	**Past**
	grētende	grēted

Derivations and related words:

āgrētan - to attack
misgrētan - to affront, insult
grēting - *f* greeting

grōwan   to grow, increase, spring, sprout   Strong 7

Infinitive	grōwan	tō grōwenne
Indicative	**Present**	**Past**
1	grōwe	grēow
2	grēwst, grōwest	grēowe
3	grēwþ, grōweþ	grēow
Plural	grōwaþ	grēowon
	Present Perfect	**Past Perfect**
1	hæbbe grōwen	hæfde grōwen
2	hæfst grōwen	hæfdest grōwen
3	hæfþ grōwen	hæfde grōwen
Plural	habbaþ grōwen	hæfdon grōwen
Subjunctive	**Present**	**Past**
Singular	grōwe	grēowe
Plural	grōwen	grēowen
Imperative	**Sing.**	**Plural**
	grōw	grōwaþ
Participles	**Present**	**Past**
	grōwende	grōwen

Derivations and related words:

agrōwan - to grow under, cover
forgrōwan - to grow up, grow into
fullgrōwan - to grow fully
ġegrōwan - to grow together, unite by growing
ofergrōwan - to overgrow
grōwnes - f growth
edgrōwung - f regrowing

habban	to have, possess, hold, keep	Weak III
Infinitive	habban	tō habbene
Indicative	**Present**	**Past**
1	hæbbe	hæfde
2	hæfst, hafast	hæfdest
3	hæfþ, hafaþ	hæfde
Pl.	habbaþ	hæfdon
	Present Perfect	**Past Perfect**
1	hæbbe hæfed	hæfde hæfed
2	hæfst hæfed	hæfdest hæfed
3	hæfþ hæfed	hæfde hæfed
Plural	habbaþ hæfed	hæfdon hæfed
Subjunctive	**Present**	**Past**
Singular	hæbbe	hæfde
Plural	hæbben	hæfden
Imperative	**Sing.**	**Plural**
	hafa	habbaþ
Participles	**Present**	**Past**
	hæbbende	hæfed

Derivations and related words:

æthabban - to retain, detain, withhold
ahabban - to restrain, abstain
āhabban - to support, restrain
behabban - to encompass, surround, restrain, detain, comprehend
forhabban - to hold in, restrain, retain, refrain
ġehabban - to hold, have (illness), have, possess, carry on
oferhabban - to command, govern
ofhabban - to restrain, hold back
wiþhabban - to hold out, resist, withstand
ymbhabban - to surround, encompass
wanhafa - *m* poor person (nothing-haver)

landhæbbende - *adj* land-owning, land having
hæbbeng - *f* constraint, holding
forhæbbend - *m* unmarried person, single
drēamhæbbende - *adj* having joy, having bliss
daroþhæbbende - *adj* javelin holding, javelin armed

Notes:

An alternative, **hafian**, with the first person **hafa**, has also been recognized.

hangian	to hang, be suspended, depend	Weak II
Infinitive	hangian	tō hangienne
Indicative	**Present**	**Past**
1	hangie	hangode
2	hangast	hangodest
3	hangaþ	hangode
Plural	hangiaþ	hangodon
	Present Perfect	**Past Perfect**
1	hæbbe hangod	hæfde hangod
2	hæfst hangod	hæfdest hangod
3	hæfþ hangod	hæfde hangod
Plural	habbaþ hangod	hæfdon hangod
Subjunctive	**Present**	**Past**
Singular	hangie	hangode
Plural	hangien	hangoden
Imperative	**Sing.**	**Plural**
	hanga	hangiaþ
Participles	**Present**	**Past**
	hangiende	hangod

Derivations and related words:

āhangian - to hang (intransitive)

hātan	to command, order, be called, be named	Strong 7
Infinitive	hātan	tō hātan

Indicative	**Present**	**Past**
1	hāte	hēt, hēht
2	hǣtst, hātest	hēte
3	hǣt, hāt, hāteþ	hēt, hēht
Plural	hātaþ	hēton

	Present Perfect	**Past Perfect**
1	hæbbe hāten	hæfde hāten
2	hæfst hāten	hæfdest hāten
3	hæfþ hāten	hæfde hāten
Plural	habbaþ hāten	hæfdon hāten

Subjunctive	**Present**	**Past**
Singular	hāte	hēte
Plural	hāten	hēten

Imperative	**Sing.**	**Plural**
	hāt	hātaþ

Participles	**Present**	**Past**
	hātende	hāten

Derivations and related words:

āhātan - to call, name
behātan - to promise, vow, threaten
forhātan - to renounce, forswear
onhātan - to promise
behāt - *n* promise, vow, threat
feohbehāt - *n* promise of money
ġehāt - *n* promise, vow

healdan	to hold, keep, grasp		Strong 7

Infinitive	healdan	tō healdenne

Indicative	**Present**	**Past**
1	healde	hēold
2	healtst, healdest	hēolde
3	healt, healdeþ	hēold
Plural	healdaþ	hēoldon
	Present Perfect	**Past Perfect**
1	hæbbe healden	hæfde healden
2	hæfst healden	hæfdest healden
3	hæfþ healden	hæfde healden
Plural	habbaþ healden	hæfdon healden

Subjunctive	**Present**	**Past**
Singular	healde	hēolde
Plural	healden	hēolden

Imperative	**Sing.**	**Plural**
	heald	healdaþ

Participles	**Present**	**Past**
	healdende	healden

Derivations and related words:

æthealdan - to withhold
anhealdan - to hold, keep
behealdan - to hold by, possess, observe, consider, beware, regard, occupy, restrain
eġehealdan - to hold in fear
forhealdan - to withhold, keep back
forþhealdan - to hold to, follow, maintain
ġehealdan - to keep, observe, preserve

mishealdan - to neglect, slight someone
oferhealdan - to hold over, neglect
ofhealdan - to withhold, keep back, restrain
ōþhealdan - to withhold, keep back
ymbhealdan - to encompass
behealdness - *f* observation
heald - *n* hold, protection, guardianship
rīċehealdend - *m* ruler

hēawan to hew, cut, strike, smite Strong 7

Infinitive	hēawan	tō hēawenne
Indicative	**Present**	**Past**
1	hēawe	hēow
2	hēawest	hēowe
3	hēaweþ	hēow
Plural	hēawaþ	hēowon
	Present Perfect	**Past Perfect**
1	hæbbe hēawen	hæfde hēawen
2	hæfst hēawen	hæfdest hēawen
3	hæfþ hēawen	hæfde hēawen
Plural	habbaþ hēawen	hæfdon hēawen
Subjunctive	**Present**	**Past**
Singular	hēawe	hēowe
Plural	hēawen	hēowen
Imperative	**Sing.**	**Plural**
	hēaw	hēawaþ
Participles	**Present**	**Past**
	hēawende	hēawen

Derivations and related words:

ahēawan - to hew, cut off, cut out
behēawan - to beat, bruise, hew, cut off, separate from
forhēawan - to hew, cut down, cut in pieces, slaughter
ġehēawan - to hew, cut, cut in pieces
tōhēawan - to cut to pieces, hew to pieces
ġehēaw - *n* striking together, gnashing, grinding
heardhēawa - *m* chisel, hewing instrument, cutting instrument
wuduhēawa - *m* woodcutter, hewer of wood

hebban	to heave, lift, raise		Strong 6

Infinitive	hebban, hæbban	tō hebbenne

Indicative	**Present**	**Past**
1	hebbe	hōf
2	hefst	hōfe
3	hefþ	hōf
Plural	hebbaþ	hōfon
	Present Perfect	**Past Perfect**
1	hæbbe hafen	hæfde hafen
2	hæfst hafen	hæfdest hafen
3	hæfþ hafen	hæfde hafen
Plural	habbaþ hafen	hæfdon hafen

Subjunctive	**Present**	**Past**
Singular	hebbe	hōfe
Plural	hebben	hōfen

Imperative	**Sing.**	**Plural**
	hebb	hebbaþ

Participles	**Present**	**Past**
	hebbende	hafen

Derivations and related words:

æthebban - to withdraw, remove
ahebban - to lift up, heave, raise, elevate
anhebban - to heave up, lift up, exalt
ġehebban - to lift up, heave, ferment

inhebban - to raise, remove
oferhebban - to neglect, omit, pass by
ōþhebban - to lift up, elevate
uphebbing - *f* uplifting, uprising

helpan	(takes genitive or dative object) to help, aid, assist	Strong 3
Infinitive	helpan	tō helpenne
Indicative	**Present**	**Past**
1	helpe	healp
2	helpst	hulpe
3	helpþ	healp
Plural	helpaþ	hulpon
	Present Perfect	**Past Perfect**
1	hæbbe holpen	hæfde holpen
2	hæfst holpen	hæfdest holpen
3	hæfþ holpen	hæfde holpen
Plural	habbaþ holpen	hæfdon holpen
Subjunctive	**Present**	**Past**
Singular	helpe	hulpe
Plural	helpen	hulpen
Imperative	**Sing.**	**Plural**
	help	helpaþ
Participles	**Present**	**Past**
	helpende	holpen

Derivations and related words:

ahelpan - to help, assist
ġehelpan - to assist, perserve, be sufficient
help - *m* help, assistance, aid
helpend - *m* helper
nīdhelp - *m* need of help

herian	to praise		Weak I
Infinitive	herian, hærian, hergan		tō herienne

Indicative	**Present**	**Past**
1	herie	herede
2	herest	heredest
3	hereþ	herede
Plural	herieþ	heredon
	Present Perfect	**Past Perfect**
1	hæbbe hered	hæfde hered
2	hæfst hered	hæfdest hered
3	hæfþ hered	hæfde hered
Plural	habbaþ hered	hæfdon hered

Subjunctive	**Present**	**Past**
Singular	herie	herede
Plural	herien	hereden

Imperative	**Sing.**	**Plural**
	here	heraþ

Participles	**Present**	**Past**
	herende	hered

Derivations and related words:

herenes - *f* praise
herespel - *n* story of praise
herġere - *m* praiser
herung - *f* praising

Notes:

Occasionally it appears as Weak II.

hladan	to load, pile up, build		Strong 6
Infinitive	hladan		tō hladenne
Indicative	**Present**		**Past**
1	hlade		hlōd
2	*hlætst, hlædest		hlōde
3	*hlætt, hlædeþ		hlōd
Plural	hladaþ		hlōdon
	Present Perfect		**Past Perfect**
1	hæbbe hladen		hæfde hladen
2	hæfst hladen		hæfdest hladen
3	hæfþ hladen		hæfde hladen
Plural	habbaþ hladen		hæfdon hladen
Subjunctive	**Present**		**Past**
Singular	hlade		hlōde
Plural	hladen		hlōden
Imperative	**Sing.**		**Plural**
	hlad		hladaþ
Participles	**Present**		**Past**
	hladende		hladen

Derivations and related words:

onhladan - to unload, discharge
ġehladan - to load, burden, heap up
tōhladan - to disband, disperse
windhladen - *adj* wind laden

hlēapan to leap, jump, dance, run   Strong 7

Infinitive	hlēapan	tō hlēapenne
Indicative	**Present**	**Past**
1	hlēape	hlēop
2	hlēapest	hlēope
3	hlēapeþ	hlēop
Plural	hlēapaþ	hlēopon
	Present Perfect	**Past Perfect**
1	hæbbe hlēapen	hæfde hlēapen
2	hæfst hlēapen	hæfdest hlēapen
3	hæfþ hlēapen	hæfde hlēapen
Plural	habbaþ hlēapen	hæfdon hlēapen
Subjunctive	**Present**	**Past**
Singular	hlēape	hlēope
Plural	hlēapen	hlēopen
Imperative	**Sing.**	**Plural**
	hlēap	hlēapaþ
Participles	**Present**	**Past**
	hlēapende	hlēapen

Derivations and related words:

æthlēapan - to leap out, flee, escape
ahlēapan - to leap up
behlēapan - to leap upon, leap in, fix
oferhlēapan - to overleap, jump passed
ōþhlēapan - to run away, escape

hlēap - *n* leap, jump, dance
hlēapung - *f* leaping, dancing
hlēapere - *m* leaper, dancer, runner
hlēapestre - *f* leaper, dancer, runner

hlifian — to stand out, be raised high — Weak II

Infinitive	hlifian	hlifienne
Indicative	**Present**	**Past**
1	hlifie	hlifode
2	hlifast	hlifodest
3	hlifaþ	hlifode
Plural	hlifiaþ	hlifodon
	Present Perfect	**Past Perfect**
1	hæbbe hlifod	hæfde hlifod
2	hæfst hlifod	hæfdest hlifod
3	hæfþ hlifod	hæfde hlifod
Plural	habbaþ hlifod	hæfdon hlifod
Subjunctive	**Present**	**Past**
Singular	hlifie	hlifode
Plural	hlifien	hlifoden
Imperative	**Sing.**	**Plural**
	hlifa	hlifiaþ
Participles	**Present**	**Past**
	hlifiende	hlifod

Derivations and related words:

oferhlifian - to tower above, rise high above
oferhlifung - *f* eminence, sublimity, excellence

hlihhan	to laugh		Strong 6
Infinitive	hlihhan, hliehhan, hlehhan		tō hlihhenne
Indicative	**Present**		**Past**
1	hlihhe		hlōh
2	hlihhest, *hlihst		hlōge
3	hlihþ, hlihheþ		hlōh
Plural	hlihhaþ		hlōgon
	Present Perfect		**Past Perfect**
1	hæbbe hlagen		hæfde hlagen
2	hæfst hlagen		hæfdest hlagen
3	hæfþ hlagen		hæfde hlagen
Plural	habbaþ hlagen		hæfdon hlagen
Subjunctive	**Present**		**Past**
Singular	hlahhe		hlōge
Plural	hlahhen		hlōgen
Imperative	**Sing.**		**Plural**
	hlahh		hlihhaþ
Participles	**Present**		**Past**
	hlahhende		hlagen

Derivations and related words:

ahlehhan/ahlyhhan - to laugh at
behlehhan/bihlyhhan - to laugh at, deride
hleahtor - *m* laughter, act of laughing
hleahtorsmiþ - *m* one who causes laughter, comedian, "laughter smith"

hōn	to hang, suspend, crucify	Strong 7 contract
Infinitive	hōn	tō hōnne

Indicative	**Present**	**Past**
1	hō	hēng
2	hēhst	hēnge
3	hēht, hēhþ	hēng
Plural	hōþ	hēngon

	Present Perfect	**Past Perfect**
1	hæbbe hangen	hæfde hangen
2	hæfst hangen	hæfdest hangen
3	hæfþ hangen	hæfde hangen
Plural	habbaþ hangen	hæfdon hangen

Subjunctive	**Present**	**Past**
Singular	hō	hēnge
Plural	hōn	hēngen

Imperative	**Sing.**	**Plural**
	hōh	hōþ

Participles	**Present**	**Past**
	hōnde	hangen

Derivations and related words:

ahōn - to hang, crucify
behōn - to behang, hang round
ymbhōn - to hang round with clothing or something similar
rōdehengen - *f* cross, crucifixion

hrēosan	to fall, fall down	Strong 2
Infinitive	hrēosan	tō hrēosenne
Indicative	**Present**	**Past**
1	hrēose	hrēas
2	hrȳst, hrēosest	hrure
3	hrȳst, hrēoseþ	hrēas
Plural	hrēosaþ	hruron
	Present Perfect	**Past Perfect**
1	eom hroren	wæs hroren
2	eart hroren	wǣre hroren
3	ys hroren	wæs hroren
Plural	syndon hroren	wǣron hroren
Subjunctive	**Present**	**Past**
Singular	hrēose	hrure
Plural	hrēosen	hruron
Imperative	**Sing.**	**Plural**
	hrēos	hrēosaþ
Participles	**Present**	**Past**
	hrēosende	hroren

Derivations and related words:

ahrēosan - to rush, fall
behrēosan - to fall down
forþhrēosan - to rush forth
ġehrēosan - to fall, rush, glide away
ofhrēosan - to overwhelm, cover, bury
onhrēosan - to fall upon with violence

tōhrēosan - to fall to pieces
hrorlīċ - *adj* ready to fall
ġehrorenes - *f* ruin, affliction
ġehror - *n* death, fall, ruin
hrurol - *adj* deciduous

huntian to hunt Weak II

Infinitive	huntian	tō huntienne
Indicative	**Present**	**Past**
1	hunte	huntode
2	huntest	huntodest
3	huntaþ	huntode
Plural	huntiaþ	huntodon
	Present Perfect	**Past Perfect**
1	hæbbe huntod	hæfde huntod
2	hæfst huntod	hæfdest huntod
3	hæfþ huntod	hæfde huntod
Plural	habbaþ huntod	hæfdon huntod
Subjunctive	**Present**	**Past**
Singular	hunte	huntode
Plural	hunten	huntoden
Imperative	**Sing.**	**Plural**
	hunta	huntiaþ
Participles	**Present**	**Past**
	huntiende	huntod

Derivations and related words:

hunticge - *f* huntress
huntaþ - *m* hunting, game
hunta - *m* hunter
huntigestre - *f* huntress
huntung - *f* hunting
huntigspere - *m* hunting spear
huntaþfaru - *f* hunting expedition

hweorfan	to turn, change, depart, return	Strong 3
Infinitive	hweorfan, hwurfan, hworfan	tō hweorfenne
Indicative	Present	Past
1	hweorfe	hwearf
2	hwyrfþ, hweorfeþ	hwurfe
3	hwyrfst, hweorfest	hwearf
Plural	hweorfaþ	hwurfon
	Present Perfect	Past Perfect
1	eom hworfen	wæs hworfen
2	eart hworfen	wǣre hworfen
3	ys hworfen	wæs hworfen
Plural	syndon hworfen	wǣron hworfen
Subjunctive	Present	Past
Singular	hweorfe	hwurfe
Plural	hweorfen	hwurfen
Imperative	Sing.	Plural
	hweorf	hweorfaþ
Participles	Present	Past
	hweorfende	hworfen

Derivations and related words:

æthweorfan - to turn, return
aġēnhweorfan - to turn again, return
ahweorfan - to convert, turn away
behweorfan - to turn about, spread about
efthweorfan - to return, turn back again

ymbhweorfan - to turn around
tōhweorfan - to separate
hweorfa - *m* something that turns or rotates
hweorfbān - *n* joint, moving bone
hweorf - *n* spindle, whorl

hwēsan	to wheeze, make a noise in breathing	Strong 7
Infinitive	hwēsan	tō hwēsenne
Indicative	**Present**	**Past**
1	hwēse	hwēos
2	hwēsest	hwēose
3	hwēseþ	hwēos
Plural	hwēsaþ	hwēoson
	Present Perfect	**Past Perfect**
1	hæbbe hwōsen	hæfde hwōsen
2	hæfst hwōsen	hæfdest hwōsen
3	hæfþ hwōsen	hæfde hwōsen
Plural	habbaþ hwōsen	hæfdon hwōsen
Subjunctive	**Present**	**Past**
Singular	hwēse	hwēos
Plural	hwēsen	hwēos
Imperative	**Sing.**	**Plural**
	hwēs	hwēsaþ
Participles	**Present**	**Past**
	hwēsende	hwōsen

hycgan	to think, be mindful, consider		Weak III

Infinitive	hycgan		tō hycganne
Indicative	**Present**		**Past**
1	hycge		hogode, hogde
2	hogast, hycgst		hogodest, hogdest
3	hogaþ		hogode, hogde
Plural	hycgaþ		hogodon, hogdon
	Present Perfect		**Past Perfect**
1	hæbbe hogod		hæfde hogod
2	hæfst hogod		hæfdest hogod
3	hæfþ hogod		hæfde hogod
Plural	habbaþ hogod		hæfdon hogod
Subjunctive	**Present**		**Past**
Singular	hycge		hogode, hogde
Plural	hycgen		hogodon, hogdon
Imperative	**Sing.**		**Plural**
	hycge, hoga		hycgaþ
Participles	**Present**		**Past**
	hycgende		hogod, hogd

Derivations and related words:

ahycgan - to devise, invent, search behycgan - to consider, bear in mind forhycgan - to despise, reject ġehycgan - to conceive, consider, devise, oferhycgan - to despise, condemn, disdain twihycgan - to disagree, dissent, have differing thoughts	wiþhycgan - to be adverse in thought, reject ymbhycgan - to consider, think about wīshycgende - *adj* wise thinking firenhycga - *m* adulterer, "sin-thinker" forhogdlīċe - *adv* contemptuously forhycgdness - *f* contempt behogod - *adj* careful

hȳran	to hear, hear of, listen, follow, serve	Weak I
Infinitive	hȳran, hīeran, hīran	tō hȳrenne

Indicative	**Present**	**Past**
1	hȳre	hȳrde
2	hȳrest	hȳrdest
3	hȳreþ	hȳrde
Plural	hȳraþ	hȳrdon
	Present Perfect	**Past Perfect**
1	hæbbe hȳred	hæfde hȳred
2	hæfst hȳred	hæfdest hȳred
3	hæfþ hȳred	hæfde hȳred
Plural	habbaþ hȳred	hæfdon hȳred

Subjunctive	**Present**	**Past**
Singular	hȳre	hȳrde
Plural	hȳren	hȳrden

Imperative	**Sing.**	**Plural**
	hȳre	hȳraþ

Participles	**Present**	**Past**
	hȳrende	hȳrd

īwan	to show, display, reveal		Weak I

Infinitive	īwan		tō īwenne
Indicative	**Present**		**Past**
1	īwe		īwde
2	īwest		īwdest
3	īweþ		īwde
Plural	īwaþ		īwdon
	Present Perfect		**Past Perfect**
1	hæbbe īwed		hæfde īwed
2	hæfst īwed		hæfdest īwed
3	hæfþ īwed		hæfde īwed
Plural	habbaþ īwed		hæfdon īwed
Subjunctive	**Present**		**Past**
Singular	īwe		īwde
Plural	īwen		īwdon
Imperative	**Sing.**		**Plural**
	īwe		īwaþ
Participles	**Present**		**Past**
	īwende		īwed

Derivations and related words:

ætīwan - to show, manifest, reveal
onīwan - to show
ōþīwan - to show, appear
ætīwedness - *f* showing, manifestation

lǣdan to lead, conduct   Weak I

Infinitive	lǣdan	tō lǣdenne
Indicative	**Present**	**Past**
1	lǣde	lǣdde
2	lǣdest	lǣddest
3	lǣdeþ	lǣdde
Plural	lǣdaþ	lǣddon
	Present Perfect	**Past Perfect**
1	hæbbe lǣded	hæfde lǣded
2	hæfst lǣded	hæfdest lǣded
3	hæfþ lǣded	hæfde lǣded
Plural	habbaþ lǣded	hæfdon lǣded
Subjunctive	**Present**	**Past**
Singular	lǣde	lǣdde
Plural	lǣden	lǣdden
Imperative	**Sing.**	**Plural**
	lǣde	lǣdaþ
Participles	**Present**	**Past**
	lǣdende	lǣded, lǣd

Derivations and related words:

ætlǣdan - to lead out, drive away
ālǣdan - to lead off
alǣdan - to lead, lead out
anlǣdan - to lead on
belǣdan - to bring, lead
forlǣdan - to mislead

forþlǣdan - to lead forth
oferlǣdan - to oppress
ymblǣdan - to lead about
ōþlǣdan - to lead away
lǣdere - *m* leader

lǣtan   to let, allow, permit, let go, leave   Strong 7

Infinitive	lǣtan	tō lǣtenne
Indicative	**Present**	**Past**
1	lǣte	lēt
2	lǣtst, lǣtest	lēte
3	lǣt, lǣteþ	lēt
Plural	lǣtan	lēton
	Present Perfect	**Past Perfect**
1	hæbbe lǣten	hæfde lǣten
2	hæfst lǣten	hæfdest lǣten
3	hæfþ lǣten	hæfde lǣten
Plural	habbaþ lǣten	hæfdon lǣten
Subjunctive	**Present**	**Past**
Singular	lǣte	lēte
Plural	lǣten	lēten
Imperative	**Sing.**	**Plural**
	lǣt	lǣtaþ
Participles	**Present**	**Past**
	lǣtende	lǣten

Derivations and related words:

alǣtan - to let go, lay down, leave
ānforlǣtan - to leave alone, lose
ānlǣtan - to let alone, relinquish
forlǣtan - to let go, forsake, suffer
blōdlǣtan - to let blood
cūþlǣtan - to befriend

forþforlǣtan - to let forth, send forth
oflǣtan - to relinquish, give up
tōlǣtan - to let go in different directions, disperse
frēolǣta - *m* one who was freed
forþforlǣtness - *f* license, free permission

lecgan	to lay, place, put		Weak I

Infinitive	lecgan	tō lecgenne

Indicative	**Present**	**Past**
1	lecge	leġde
2	leġest	leġdest
3	leġþ, leġþ	leġde
Plural	lecgaþ	leġdon
	Present Perfect	**Past Perfect**
1	hæbbe leġd	hæfde leġd
2	hæfst leġd	hæfdest leġd
3	hæfþ leġd	hæfde leġd
Plural	habbaþ leġd	hæfdon leġd

Subjunctive	**Present**	**Past**
Singular	lecge	leġde
Plural	lecgen	leġden

Imperative	**Sing.**	**Plural**
	lecge, leġe	lecgaþ

Participles	**Present**	**Past**
	lecgende	leġd

Derivations and related words:

alecgan - to place, lay down, suppress
belecgan - to lay upon, impose upon
oferlecgan - to lay over, upon
oflecgan - to lay down
underlecgan - to support, underlay

lēogan	to lie, tell a lie, say falsely, deceive, feign	Strong 2
Infinitive	lēogan	tō lēogenne
Indicative	**Present**	**Past**
1	lēoge	lēag
2	lēogest	luge
3	lēogeþ	lēag
Plural	lēogaþ	lugon
	Present Perfect	**Past Perfect**
1	hæbbe logen	hæfde logen
2	hæfst logen	hæfdest logen
3	hæfþ logen	hæfde logen
Plural	habbaþ logen	hæfdon logen
Subjunctive	**Present**	**Past**
Singular	lēoge	luge
Plural	lēogen	lugen
Imperative	**Sing.**	**Plural**
	lēog	lēogaþ
Participles	**Present**	**Past**
	lēogende	logen

Derivations and related words:

alēogan - to lie, tell lies, belie, deceive
ālēogan - to fail a promise, break a promise
belēogan - to belie, lie, deceive by lies
oflēogan - to lie, be false
lēogere - *m* liar, one who speaks falsely, false witness

lēosan	to lose		Strong 2
Infinitive	lēosan		tō lēosenne
Indicative	**Present**		**Past**
1	lēose		lēas
2	lȳst, lēosest		lure
3	lȳst, lēoseþ		lēas
Plural	lēosaþ		luron
	Present Perfect		**Past Perfect**
1	hæbbe loren		hæfde loren
2	hæfst loren		hæfdest loren
3	hæfþ loren		hæfde loren
Plural	habbaþ loren		hæfdon loren
Subjunctive	**Present**		**Past**
Singular	lēose		lure
Plural	lēosen		luren
Imperative	**Sing.**		**Plural**
	lēos		lēosaþ
Participles	**Present**		**Past**
	lēosende		loren

Derivations and related words:

belēosan - to let go, deprive of, lose
forlēosan - to lose, let go, destroy
lor - *n* loss, destruction

lesan	to collect, gather, read		Strong 5
Infinitive	lesan		tō lesenne
Indicative	**Present**		**Past**
1	lese		læs
2	lesest		lǣse
3	leseþ		læs
Plural	lesaþ		lǣson
	Present Perfect		**Past Perfect**
1	hæbbe lesen		hæfde lesen
2	hæfst lesen		hæfdest lesen
3	hæfþ lesen		hæfde lesen
Plural	habbaþ lesen		hæfdon lesen
Subjunctive	**Present**		**Past**
Singular	lese		lǣse
Plural	lesen		lǣsen
Imperative	**Sing.**		**Plural**
	les		lesaþ
Participles	**Present**		**Past**
	lesende		lesen

Derivations and related words:

alesan - to choose
ālesan - to pick out, choose, elect, select
ġeles - *n* reading, study

libban	to live,		Weak III
Infinitive	libban		tō libbanne
Indicative	**Present**		**Past**
1	libbe		leofode, lifde
2	leofast, lifast		lifdest
3	leofaþ, lifaþ		leofode, lifde
Plural	libbaþ, leofaþ		lifdon, leofdon
	Present Perfect		**Past Perfect**
1	hæbbe lifd		hæfde lifd
2	hæfst lifd		hæfdest lifd
3	hæfþ lifd		hæfde lifd
Plural	habbaþ lifd		hæfdon lifd
Subjunctive	**Present**		**Past**
Singular	libbe		lifde
Plural	libben		lifden
Imperative	**Sing.**		**Plural**
	leofa, liofa		libbaþ, lifiaþ
Participles	**Present**		**Past**
	libbende, lifiende		lifd, leofod

Derivations and related words:

alibban - to live after, survive
belibban - to kill, deprive of life
ġelibban - to be alive

mislibban - to have a bad life
oferlibban - to survive, outlive

Notes:

The line between **libban** and **lifian** is hard to pin down, they may share a root, or be the same word from different dialects.

licgan	to lie, be at rest	Strong 5
Infinitive	licgan	tō licgenne
Indicative	**Present**	**Past**
1	licge	læġ
2	liġst, liġest	lǣġe
3	līþ, liġþ, liġeþ	læġ
Plural	licgan	lǣġon
	Present Perfect	**Past Perfect**
1	hæbbe leġen	hæfde leġen
2	hæfst leġen	hæfdest leġen
3	hæfþ leġen	hæfde leġen
Plural	habbaþ leġen	hæfdon leġen
Subjunctive	**Present**	**Past**
Singular	licge	lǣġe
Plural	licgen	lǣġen
Imperative	**Sing.**	**Plural**
	liġe	licgaþ
Participles	**Present**	**Past**
	licgende	leġen

Derivations and related words:

ætlicgan - to lie still, be idle
alicgan - to fail, lie, perish
belicgan - to lie, extend, surround
betwihlicgan - to lie between
dirnlicgan - to fornicate, commit adultery
forlicgan - to lie in a forbidden manner

oflicgan - to oppress
underlicgan - to subject, submit, yield
wiþlicgan - to object, obstruct
ymblicgan - to lie around, surround, encompass

līþan to go by sea, sail, travel Strong 1

Infinitive	līþan	tō līþenne
Indicative	**Present**	**Past**
1	līþe	lāþ
2	līþest	lide
3	līþeþ	lāþ
Plural	līþaþ	lidon
	Present Perfect	**Past Perfect**
1	hæbbe liden	hæfde liden
2	hæfst liden	hæfdest liden
3	hæfþ liden	hæfde liden
Plural	habbaþ liden	hæfdon liden
Subjunctive	**Present**	**Past**
Singular	līþe	lide
Plural	līþen	liden
Imperative	**Sing.**	**Plural**
	līþ	līþaþ
Participles	**Present**	**Past**
	līþende	liden

Derivations and related words:

ġelīþan - to arrive, sail, go, move, advance, proceed
ymblīþan - to circumnavigate

limpan	to happen, befall, affect	Strong 3
Infinitive	limpan	tō limpenne
Indicative	**Present**	**Past**
1	limpe	lamp
2	limpst	lumpe
3	limpþ	lamp
Plural	limpaþ	lumpon
	Present Perfect	**Past Perfect**
1	hæbbe lumpen	hæfde lumpen
2	hæfst lumpen	hæfdest lumpen
3	hæfþ lumpen	hæfde lumpen
Plural	habbaþ lumpen	hæfdon lumpen
Subjunctive	**Present**	**Past**
Singular	limpe	lumpe
Plural	limpen	lumpen
Imperative	**Sing.**	**Plural**
	limp	limpaþ
Participles	**Present**	**Past**
	limpende	lumpen

Derivations and related words:

ætlimpan - to fall away
belimpan - to concern, regard
ġelimpan - to happen, occur, befall
mislimpan - to occur unfortunately

belimp - *n* occurrence, event, happening, case
ġelimp - *n* accident, event
mislimp - *n* mishap, misfortune

lofian   to praise, value, set price on   Weak II

Infinitive	lofian	tō lofienne
Indicative	**Present**	**Past**
1	lofie	lofode
2	lofast	lofodest
3	lofaþ	lofode
Plural	lofiaþ	lofodon
	Present Perfect	**Past Perfect**
1	hæbbe lofod	hæfde lofod
2	hæfst lofod	hæfdest lofod
3	hæfþ lofod	hæfde lofod
Plural	habbaþ lofod	hæfdon lofod
Subjunctive	**Present**	**Past**
Singular	lofie	lofode
Plural	lofien	lofoden
Imperative	**Sing.**	**Plural**
	lofa	lofaþ
Participles	**Present**	**Past**
	lofiende	lofod

Derivations and related words:

ymblofian - to praise
ġelofian - to appraise, praise, set value to
sealmlofian - to sing psalms
lofsang - *m* song of praise
lofsealm - *m* psalm
loflāc - *n* offering made in praise
lof - *n* praise, glory
nēodlof - *n* diligent praise

langian	to grow long, belong, (impersonal) long for, yearn	Weak II
Infinitive	langian	tō langienne
Indicative	**Present**	**Past**
1	langie	langode
2	langast	langodest
3	langaþ	langode
Plural	langiaþ	langodon
	Present Perfect	**Past Perfect**
1	hæbbe langod	hæfde langod
2	hæfst langod	hæfdest langod
3	hæfþ langod	hæfde langod
Plural	habbaþ langod	hæfdon langod
Subjunctive	**Present**	**Past**
Singular	langie	langode
Plural	langien	langoden
Imperative	**Sing.**	**Plural**
	langa	langiaþ
Participles	**Present**	**Past**
	langiende	langod

Derivations and related words:

alangian - to long for, last too long
ġelangian - to call for, deliver, liberate
oflongod - *adj* seized with longing

lūcan to lock, close, shut, fasten Strong 2

Infinitive	lūcan	tō lūcenne
Indicative	**Present**	**Past**
1	lūce	lēac
2	lūcest, lȳcst	luce
3	lūceþ, lȳcþ	lēac
Plural	lūcaþ	lucon
	Present Perfect	**Past Perfect**
1	hæbbe locen	hæfde locen
2	hæfst locen	hæfdest locen
3	hæfþ locen	hæfde locen
Plural	habbaþ locen	hæfdon locen
Subjunctive	**Present**	**Past**
Singular	lūce	luce
Plural	lūcen	lucen
Imperative	**Sing.**	**Plural**
	lūc	lūcaþ
Participles	**Present**	**Past**
	lūcende	locen

Derivations and related words:

alūcan - to separate, take or pluck, withdraw
aweġalūcan - to separate, lock away, lock out, shut out
belūcan - to lock up, inclose, surround, shut, shut up
ġelūcan - to shut, lock, fasten, weave
inbelūcan - to shut
tōlūcan - to separate, tear asunder, dislocate
unlūcan/onlūcan - to unlock, open
anlūcung - *f* wrapper

lufian	to love, feel affection for	Weak II
Infinitive	lufian	tō lufienne
Indicative	**Present**	**Past**
1	lufie	lufode
2	lufast	lufodest
3	lufaþ	lufode
Plural	lufiaþ	lufodon
	Present Perfect	**Past Perfect**
1	hæbbe lufiod	hæfde lufiod
2	hæfst lufiod	hæfdest lufiod
3	hæfþ lufiod	hæfde lufiod
Plural	habbaþ lufiod	hæfdon lufiod
Subjunctive	**Present**	**Past**
Singular	lufie	lufode
Plural	lufien	lufodon
Imperative	**Sing.**	**Plural**
	lufa	lufaþ
Participles	**Present**	**Past**
	lufiende	lufiod

Derivations and related words:

ġelufian - to love, esteem
lufiend - *m* lover (male)
lufestre - *f* lover (female)
lufu - *f* love, warm affection
lufung - *f* loving
lufwende - *adj* beloved, pleasant, amiable

lūtan   to bow, lout, stoop, bend forward   Strong 2

Infinitive	lūtan	tō lūtenne
Indicative	**Present**	**Past**
1	lūte	lēat
2	lȳtst, lūtest	lute
3	lȳtt, lūteþ	lēat
Plural	lūtaþ	luton
	Present Perfect	**Past Perfect**
1	hæbbe loten	hæfde loten
2	hæfst loten	hæfdest loten
3	hæfþ loten	hæfde loten
Plural	habbaþ loten	hæfdon loten
Subjunctive	**Present**	**Past**
Singular	lūte	lute
Plural	lūten	luten
Imperative	**Sing.**	**Plural**
	lūt	lūtaþ
Participles	**Present**	**Past**
	lūtende	loten

Derivations and related words:

alūtan - to bend, incline, bend or bow down
ġelūtan - to bend the body, bow, recline, place on the couch, bow one's head
onlūtan - to bend the body, bow, lout
underlūtan - to stoop beneath, bend to support or lift something
forþlūtan - to fall forwards, fall down

magan	to be able, can, be strong, may	Preterite-Present
Infinitive	magan	---
Indicative	**Present**	**Past**
1	mæġ	meahte, mihte
2	meaht	meahtest, mihtest
3	mæġ	meaht, mihte
Plural	magon	meahton, mihton
Subjunctive	**Present**	**Past**
Singular	mæġe, muge	meahte, mihte
Plural	mæġen, mugen	meahten, mihten
Imperative	**Sing.**	**Plural**
	---	---
Participles	**Present**	**Past**
	---	---

Derivations and related words:

maga - *m* strong, powerful person
mæġen - *n* power, might, strength, main
meaht - *f* might, power, strength

Notes:

The infinitive may not have occurred in West Saxon texts. There are many related words which connect to **magan** through the concept of strength, power, and might.

māwan	to mow		Strong 7
Infinitive	māwan		tō māwenne
Indicative	**Present**		**Past**
1	māwe		mēow
2	mæwst, māwest		mēowe
3	mæwþ, māweþ		mēow
Plural	māwaþ		mēowon
	Present Perfect		**Past Perfect**
1	hæbbe māwen		hæfde māwen
2	hæfst māwen		hæfdest māwen
3	hæfþ māwen		hæfde māwen
Plural	habbaþ māwen		hæfdon māwen
Subjunctive	**Present**		**Past**
Singular	māwe		mēowe
Plural	māwen		mēowen
Imperative	**Sing.**		**Plural**
	māw		māwaþ
Participles	**Present**		**Past**
	māwende		māwen

Derivations and related words:

amāwan - to cut off, mow

melcan to milk Strong 3

Infinitive	melcan	tō melcenne
Indicative	**Present**	**Past**
1	melce	mealc
2	milcst, melcest	mulce
3	milcþ, melceþ	mealc
Plural	melcaþ	mulcon
	Present Perfect	**Past Perfect**
1	hæbbe molcen	hæfde molcen
2	hæfst molcen	hæfdest molcen
3	hæfþ molcen	hæfde molcen
Plural	habbaþ molcen	hæfdon molcen
Subjunctive	**Present**	**Past**
Singular	melce	mulce
Plural	melcen	mulcen
Imperative	**Sing.**	**Plural**
	melc	melcaþ
Participles	**Present**	**Past**
	melcende	molcen

Derivations and related words:

ġemelcan - to get by milking, milk, draw milk
meolc, milc - *f* milk

meltan	to melt, dissolve, become liquid	Strong 3
Infinitive	meltan, myltan	tō meltenne
Indicative	**Present**	**Past**
1	melte	mealt
2	meltest, myltst	multe
3	melteþ, mylt	mealt
Plural	meltaþ	multon
	Present Perfect	**Past Perfect**
1	hæbbe molten	hæfde molten
2	hæfst molten	hæfdest molten
3	hæfþ molten	hæfde molten
Plural	habbaþ molten	hæfdon molten
Subjunctive	**Present**	**Past**
Singular	melte	multe
Plural	melten	multen
Imperative	**Sing.**	**Plural**
	melt	meltaþ
Participles	**Present**	**Past**
	meltende	molten

Derivations and related words:

formeltan - to melt away, become liquid, liquify
ġemyltan - to soften, cause to melt
meltung - f melting, digestion
unmeltung - f indigestion

metan	to measure, mete, compare		Strong 5
Infinitive	metan		tō metenne

Indicative	**Present**	**Past**
1	mete	mæt
2	metst	mǣte
3	*met, meteþ	mæt
Plural	metaþ	mǣton
	Present Perfect	**Past Perfect**
1	hæbbe meten	hæfde meten
2	hæfst meten	hæfdest meten
3	hæfþ meten	hæfde meten
Plural	habbaþ meten	hæfdon meten

Subjunctive	**Present**	**Past**
Singular	mete	mǣte
Plural	meten	mǣten

Imperative	**Sing.**	**Plural**
	met	metaþ

Participles	**Present**	**Past**
	metende	meten

Derivations and related words:

ametan - to measure out, measure
bemetan - to measure by, compare, estimate
efenmetan - to compare, make equal, equalize
wiþermetan - to compare
burgġemet - *n* measure used in town
ġemet - *n* measure, measurement, *adj* fit, proper
unmet - *adj* without measure, immense

mētan	to meet with, paint, come upon	Weak I
Infinitive	mētan	tō mētenne
Indicative	**Present**	**Past**
1	mēte	mētte
2	mētest	mēttest
3	mēteþ	mētte
Plural	mētaþ	mētton
	Present Perfect	**Past Perfect**
1	hæbbe mēted	hæfde mēted
2	hæfst mēted	hæfdest mēted
3	hæfþ mēted	hæfde mēted
Plural	habbaþ mēted	hæfdon mēted
Subjunctive	**Present**	**Past**
Singular	mēte	mētte
Plural	mēten	mētten
Imperative	**Sing.**	**Plural**
	mēt	mētaþ
Participles	**Present**	**Past**
	mētende	mēted, mētt

Derivations and related words:

ġemētan - to find, find out, discover, meet
onmētan - to paint, cover with color

molsnian	to decay, become corrupt, molder	Weak II

Infinitive	molsnian	tō molsnienne
Indicative	**Present**	**Past**
1	molsnie	molsnode
2	molsnast	molsnodest
3	molsnaþ	molsnode
Plural	molsniaþ	molsnodon
	Present Perfect	**Past Perfect**
1	hæbbe molsnod	hæfde molsnod
2	hæfst molsnod	hæfdest molsnod
3	hæfþ molsnod	hæfde molsnod
Plural	habbaþ molsnod	hæfdon molsnod
Subjunctive	**Present**	**Past**
Singular	molsnie	molsnode
Plural	molsnien	molsnoden
Imperative	**Sing.**	**Plural**
	molsna	molsniaþ
Participles	**Present**	**Past**
	molsniende	molsnod

Derivations and related words:

amolsnian - to corrupt, putrefy
formolsnian - to putrefy, corrupt, make rotten, decay
ġemolsnian - to corrupt, decay, wither
formoslnung - *f* corruption
unformolsniendlīc - *adj* undecaying, incorruptable

mōtan	to be allowed, may, mote	Preterite-Present
Infinitive	mōtan	tō mōtan
Indicative	**Present**	**Past**
1	mōt	mōste
2	mōst	mōstest
3	mōt	mōste
Plural	mōton	mōston
Subjunctive	**Present**	**Past**
Singular	mōte	mōste
Plural	mōten	mōsten
Imperative	**Sing.**	**Plural**
	---	---
Participles	**Present**	**Past**
	---	---

munan	to remember, consider	Preterite-Present
Infinitive	munan	tō munenne
Indicative	**Present**	**Past**
1	man	munde
2	manst	mundest
3	man	munde
Plural	munon	mundon
	Present Perfect	**Past Perfect**
1	hæbbe munen	hæfde munen
2	hæfst munen	hæfdest munen
3	hæfþ munen	hæfde munen
Plural	habbaþ munen	hæfdon munen
Subjunctive	**Present**	**Past**
Singular	mune	munde
Plural	munen	munden
Imperative	**Sing.**	**Plural**
	mune	munaþ
Participles	**Present**	**Past**
	munende	munen

Derivations and related words:

amunan - to think of, mind, consider
ofmunan - to recall, remember
ġemunan - to remember, bear in mind

Notes:

The form **ġemunan** is more common than others.

murnan	to mourn, be sad		Strong 3/Weak I
Infinitive	murnan		tō murnenne

Indicative	**Present**	**Past**
1	murne	mearn / murnde
2	murnest	murne / murndest
3	murneþ	mearn / murnde
Plural	murnaþ	murnon / murndon
	Present Perfect	**Past Perfect**
1	hæbbe mornen / murned	hæfde mornen / murned
2	hæfst mornen / murned	hæfdest mornen / murned
3	hæfþ mornen / murned	hæfde mornen / murned
Plural	habbaþ mornen / murned	hæfdon mornen / murned

Subjunctive	**Present**	**Past**
Singular	murne	murne / murnde
Plural	murnen	murnen / murnden

Imperative	**Sing.**	**Plural**
	murn	murnaþ

Participles	**Present**	**Past**
	murnende	mornen / murned

Derivations and related words:

bemurnan - to bemoan, bewail
murnung - *f* mourning, grief

Notes:

This verb appears to have a Weak I and Strong 3 version.

nabban	to not have, not possess, hold, keep	Weak III
Infinitive	nabban	tō nabbene
Indicative	**Present**	**Past**
1	næbbe	næfde
2	næfst, nafast	næfdest
3	næfþ, nafaþ	næfde
Pl.	nabbaþ	næfdon
	Present Perfect	**Past Perfect**
1	hæbbe næfed	hæfde næfed
2	hæfst næfed	hæfdest næfed
3	hæfþ næfed	hæfde næfed
Plural	habbaþ næfed	hæfdon næfed
Subjunctive	**Present**	**Past**
Singular	næbbe	næfde
Plural	næbben	næfden
Imperative	**Sing.**	**Plural**
	nafa	nabbaþ
Participles	**Present**	**Past**
	næbbende	næfed

Derivations and related words:

Ths is a combination of **ne + habban**.

nāgan	to not own (ne + āgan)		Preterite Present
Infinitive	nāgan		tō āgenne
Indicative	**Present**		**Past**
1	nāh		nāhte
2	nāhst		nāhtest
3	nāh		nāhte
Plural	nāgon		nāhton
	Present Perfect		**Past Perfect**
1	hæbbe nāgen		hæfde nāgen
2	hæfst nāgen		hæfdest nāgen
3	hæfþ nāgen		hæfde nāgen
Plural	habbaþ nāgen		hæfdon nāgen
Subjunctive	**Present**		**Past**
Singular	nāge		nāhte
Plural	nāgen		nāhten
Imperative	**Sing.**		**Plural**
	---		---
Participles	**Present**		**Past**
	nāgende		nāgen
Notes:			

Ths is a combination of **ne + āgan**.

nerian	to save		Weak I
Infinitive	nerian		tō nerienne
Indicative	**Present**		**Past**
1	nerie		nerede
2	nerest		neredest
3	nereþ		nerede
Plural	neriaþ		neredon
	Present Perfect		**Past Perfect**
1	hæbbe nered		hæfde nered
2	hæfst nered		hæfdest nered
3	hæfþ nered		hæfde nered
Plural	habbaþ nered		hæfdon nered
Subjunctive	**Present**		**Past**
Singular	nerie		nerede
Plural	nerien		neredon
Imperative	**Sing.**		**Plural**
	nere		neriaþ
Participles	**Present**		**Past**
	neriende		nered

Derivations and related words:

ġenerian - to save, deliver, take way, set free, preserve, defend
nering - *f* defence, protection

niman	to take		Strong 4
Infinitive	niman		tō nimenne
Indicative	**Present**		**Past**
1	nime		nam
2	nimst		nāme
3	nimþ		nam
Plural	nimaþ		nāmon
	Present Perfect		**Past Perfect**
1	hæbbe numen		hæfde numen
2	hæfst numen		hæfdest numen
3	hæfþ numen		hæfde numen
Plural	habbaþ numen		hæfdon numen
Subjunctive	**Present**		**Past**
Singular	nime		nāme
Plural	nimen		nāmen
Imperative	**Sing.**		**Plural**
	nim		nimaþ
Participles	**Present**		**Past**
	nimende		numen

Derivations and related words:

animan - to take away, remove
āniman - to take, retain, accept
aweġniman - to take away
beniman - to deprive
dǣlniman - to take part, participate
forniman - to plunder, ransack
ofniman - to fail

oferniman - to violate, take by violence
tōniman - to take to pieces, divide
underniman - to take into the mind, understand
nīdniman - to take by force
ætġeniman - to pluck out, withdraw, take by force

nyllan	to not want, not wish	Irregular Verb
Infinitive	nyllan (ne + willan)	tō nyllenne
Indicative	**Present**	**Past**
1	nylle, nelle	nolde
2	nylt	noldest
3	nylle, nelle	nolde
Plural	nyllaþ	noldon
Subjunctive	**Present**	**Past**
Singular	nylle, nelle	nolde
Plural	nyllen, nellen	nolden
Imperative	**Sing.**	**Plural**
	---	---
Participles	**Present**	**Past**
	nyllende	---

Notes:

Ths is a combination of **ne + willan**.

onġinnan	to begin, try, attempt	Strong 3
Infinitive	onġinnan	tō

Indicative	Present	Past
1	onġinne	ongann, ongan
2	onġinst	ongunne
3	onġinþ	ongann, ongan
Plural	onġinnaþ	ongunnon
	Present Perfect	**Past Perfect**
1	hæbbe ongunnen	hæfde ongunnen
2	hæfst ongunnen	hæfdest ongunnen
3	hæfþ ongunnen	hæfde ongunnen
Plural	habbaþ ongunnen	hæfdon ongunnen

Subjunctive	Present	Past
Singular	onġinne	ongunne
Plural	onġinnen	ongunnen

Imperative	Sing.	Plural
	onġinn	onġinnaþ

Participles	Present	Past
	onġinnende	ongunnen

Derivations and related words:

beġinnan - to begin, undertake
underbeġinnan - to attempt, try
underġinnan - to begin, attempt
ongunness - *f* undertaking
unbegunnen - *adj* without beginning

rǣdan	To advise, counsel, read		Strong 7/Weak I
Infinitive	rǣdan		tō rǣdenne
Indicative	**Present**		**Past**
1	rǣde		rēd / rǣdde
2	rǣtst, rǣdest		rēde / rǣddest
3	rǣt, rǣtt, rǣdeþ		rēd / rǣdde
Plural	rǣdaþ		rēdon / rǣddon
	Present Perfect		**Past Perfect**
1	hæbbe rǣden / rǣded		hæfde rǣden / rǣded
2	hæfst rǣden / rǣded		hæfdest rǣden / rǣded
3	hæfþ rǣden / rǣded		hæfde rǣden / rǣded
Plural	habbaþ rǣden / rǣded		hæfdon rǣden / rǣded
Subjunctive	**Present**		**Past**
Singular	rǣde		rēde / rǣdde
Plural	rǣden		rēden / rǣdden
Imperative	**Sing.**		**Plural**
	rǣd		rǣdaþ
Participles	**Present**		**Past**
	rǣdende		rǣden / rǣded

Derivations and related words:

arǣdan - to take advice, determine,
berǣdan - to dispossess, deprive of
forrǣdan - to give counsel against,
        condemn, plot against
misrǣdan - to misread
oferrǣdan - to read over, read thoroughly

wiþrǣdan - to act against
ānrǣd - *adj* one minded, agreed, unanimous
arǣd - *m* counsel, safety, welfare
bōcrǣdere - *m* book reader
fæstrǣd - *adj* firm in purpose, steadfast
folcrǣd - *m* for public benefit

rīdan	to ride		Strong 1
Infinitive	rīdan		tō rīdenne
Indicative	**Present**		**Past**
1	rīde		rād
2	rīdest, *rītst		ride
3	rīt, rīdeþ		rād
Plural	rīdaþ		ridon
	Present Perfect		**Past Perfect**
1	hæbbe riden		hæfde riden
2	hæfst riden		hæfdest riden
3	hæfþ riden		hæfde riden
Plural	habbaþ riden		hæfdon riden
Subjunctive	**Present**		**Past**
Singular	rīde		ride
Plural	rīden		riden
Imperative	**Sing.**		**Plural**
	rīd		rīdaþ
Participles	**Present**		**Past**
	rīdende		riden

Derivations and related words:

afterrīdan - to ride after	ōþrīdan - to ride away
arīdan - to ride	onrid - riding horse, steed
berīdan - to ride around, surround, besiege	ridda - rider, horseman
fōrrīdan - to ride before, intercept	rīdere - rider, knight
ġerīdan - to ride, obtain by riding	rīdwīga - mounted soldier
ofrīdan - to overtake by riding, overtake	fōrrīdel - *m* harbinger, outrider

rīnan/reġnian to rain, make rain   Weak I/II

Infinitive	rīnan, reġnian, riġnian	tō rinenne
Indicative	**Present**	**Past**
1	rīne / reġnie	rīnede / reġnode
2	rīnest / reġnast	rīnedest / reġnodest
3	rīneþ / reġnaþ	rīnede / reġnode
Plural	rīnaþ / reġniaþ	rīnedon / reġnodon
	Present Perfect	**Past Perfect**
1	hæbbe rīned / reġnod	hæfde rīned / reġnod
2	hæfst rīned / reġnod	hæfdest rīned / reġnod
3	hæfþ rīned / reġnod	hæfde rīned / reġnod
Plural	habbaþ rīned / reġnod	hæfdon rīned / reġnod
Subjunctive	**Present**	**Past**
Singular	rīne / reġnie	rīnede
Plural	rīnen / reġnien	rīneden
Imperative	**Sing.**	**Plural**
	rīne / reġna	rīnaþ / reġniaþ
Participles	**Present**	**Past**
	rīnende / reġniende	rīned / reġnod

Derivations and related words:

reġn - *m* rain
reġniġ - *adj* rainy

rīpan to reap Strong 1

Infinitive	rīpan	tō rīpenne
Indicative	**Present**	**Past**
1	rīpe	rāp
2	rīpst, rīpest	ripe
3	rīpþ, rīpeþ	rāp
Plural	rīpaþ	ripon
	Present Perfect	**Past Perfect**
1	hæbbe ripen	hæfde ripen
2	hæfst ripen	hæfdest ripen
3	hæfþ ripen	hæfde ripen
Plural	habbaþ ripen	hæfdon ripen
Subjunctive	**Present**	**Past**
Singular	rīpe	ripe
Plural	rīpen	ripen
Imperative	**Sing.**	**Plural**
	rīp	rīpaþ
Participles	**Present**	**Past**
	rīpende	ripen

Derivations and related words:

berīpan - to plunder, strip, despoil
ġerīpan - to reap, rob
ōþrīpan - to snatch away
tōrīpan - to pluck in two, tear to pieces

rīsan	to rise, snatch away, seize	Strong 1
Infinitive	rīsan	tō rīsenne
Indicative	**Present**	**Past**
1	rīse	rās
2	rīsest, rīst	rise
3	rīst, rīseþ	rās
Plural	rīsaþ	rison
	Present Perfect	**Past Perfect**
1	hæbbe risen	hæfde risen
2	hæfst risen	hæfdest risen
3	hæfþ risen	hæfde risen
Plural	habbaþ risen	hæfdon risen
Subjunctive	**Present**	**Past**
Singular	rīse	rise
Plural	rīsen	risen
Imperative	**Sing.**	**Plural**
	rīs	rīsaþ
Participles	**Present**	**Past**
	rīsende	risen

Derivations and related words:

arīsan - to arise, rise up, rise, come forth
ġerīsan - to behoove, become, befit

rōwan	to row, go by water, sail	Strong 7
Infinitive	rōwan	tō rōwenne
Indicative	**Present**	**Past**
1	rōwe	rēow
2	rōwest	rēowe
3	rōweþ	rēow
Plural	rōwaþ	rēowon
	Present Perfect	**Past Perfect**
1	hæbbe rōwen	hæfde rōwen
2	hæfst rōwen	hæfdest rōwen
3	hæfþ rōwen	hæfde rōwen
Plural	habbaþ rōwen	hæfdon rōwen
Subjunctive	**Present**	**Past**
Singular	rōwe	rēowe
Plural	rōwen	rēowen
Imperative	**Sing.**	**Plural**
	rōw	rōwaþ
Participles	**Present**	**Past**
	rōwende	rōwen

Derivations and related words:

berōwan - to row around
ġerōwan - to sail, row
oferrōwan - to cross by rowing
ōþrōwan - to row off
rōwung - *f* rowing
rōwend - *m* rower
sciprōwend - *m* ship rower

sacan	to fight, quarrel, contend, accuse, argue	Strong 6
Infinitive	sacan	tō sacenne
Indicative	**Present**	**Past**
1	sace	sōc
2	sæcst, sæcest	sōce
3	sæcþ, sæceþ	sōc
Plural	sacaþ	sōcon
	Present Perfect	**Past Perfect**
1	hæbbe sacen	hæfde sacen
2	hæfst sacen	hæfdest sacen
3	hæfþ sacen	hæfde sacen
Plural	habbaþ sacen	hæfdon sacen
Subjunctive	**Present**	**Past**
Singular	sace	sōce
Plural	sacen	sōcen
Imperative	**Sing.**	**Plural**
	sac	sacaþ
Participles	**Present**	**Past**
	sacende	sacen

Derivations and related words:

ætsacan - to deny, abjure, disown
besacan - to dispute
foresacan - to forbid
forsacan - to oppose, object, refuse, forsake
onsacan - to attack, resist, refute
ofsacan - to deny a charge
ōþsacan - to deny
wiþsacan - to deny, refute, reject

sāwan	to sow		Strong 7
Infinitive	sāwan		tō sāwenne
Indicative	**Present**		**Past**
1	sāwe		sēow
2	sǣwst, sāwest		sēowe
3	sǣwþ, sāweþ		sēow
Plural	sāwaþ		sēowon
	Present Perfect		**Past Perfect**
1	hæbbe sāwen		hæfde sāwen
2	hæfst sāwen		hæfdest sāwen
3	hæfþ sāwen		hæfde sāwen
Plural	habbaþ sāwen		hæfdon sāwen
Subjunctive	**Present**		**Past**
Singular	sāwe		sēowe
Plural	sāwen		sēowen
Imperative	**Sing.**		**Plural**
	sāw		sāwaþ
Participles	**Present**		**Past**
	sāwende		sāwen

Derivations and related words:

asāwan - to sow
ġeondsāwan - to scatter, spread, sow
ofersāwan - to oversow
tōsāwan - to scatter seed, sow broadcast
forsāwend - *m* one who despises

forsāwenness - *f* contempt
sāwend - *m* sower
unsāwen - *adj* not sown
sāwere - *m* sower

sceacan	to shake, quiver, vibrate	Strong 6
Infinitive	sceacan, scacan	tō sceacenne
Indicative	**Present**	**Past**
1	sceace	sceōc
2	scæcst, sceacst	sceōce
3	scæcþ, sceaceþ	sceōc
Plural	sceacaþ	sceōcon
	Present Perfect	**Past Perfect**
1	hæbbe sceacen	hæfde sceacen
2	hæfst sceacen	hæfdest sceacen
3	hæfþ sceacen	hæfde sceacen
Plural	habbaþ sceacen	hæfdon sceacen
Subjunctive	**Present**	**Past**
Singular	sceace	sceōce
Plural	sceacen	sceōcen
Imperative	**Sing.**	**Plural**
	sceac	sceacaþ
Participles	**Present**	**Past**
	sceacende	sceacen, scæcen

Derivations and related words:

asceacan - to shake off, remove
ofsceacan - to shudder, shake with fear
ōþsceacan - to run away, escape
tōsceacan - to shake to pieces, disturb

sceafan — to shave, scrape, polish, shed — Strong 6

Infinitive	sceafan, scafan	tō sceafenne
Indicative	**Present**	**Past**
1	sceafe	sceōf, scōf
2	scæfst, sceafest	sceōfe
3	scæfþ, sceafeþ	sceōf, scōf
Plural	sceafaþ	sceōfon, scōfon
	Present Perfect	**Past Perfect**
1	hæbbe sceafen	hæfde sceafen
2	hæfst sceafen	hæfdest sceafen
3	hæfþ sceafen	hæfde sceafen
Plural	habbaþ sceafen	hæfdon sceafen
Subjunctive	**Present**	**Past**
Singular	sceafe	sceōfe
Plural	sceafen	sceōfen
Imperative	**Sing.**	**Plural**
	sceaf	sceafaþ
Participles	**Present**	**Past**
	sceafende	sceafen, scafen

Derivations and related words:

āsceafan - to shave off
besceafan - to scrape throughly
ġesceafan - to shave, plane
sceafa - *m* plane
sceafoþa - *m* shaving, chip, piece shaved off

scēotan to shoot Strong 2

Infinitive	scēotan	tō scēotenne
Indicative	**Present**	**Past**
1	scēote	scēat
2	scȳtst scēotest	scute, sceote
3	sȳct scēoteþ	scēat
Plural	scēotaþ	scuton, sceoton
	Present Perfect	**Past Perfect**
1	hæbbe scoten	hæfde scoten
2	hæfst scoten	hæfdest scoten
3	hæfþ scoten	hæfde scoten
Plural	habbaþ scoten	hæfdon scoten
Subjunctive	**Present**	**Past**
Singular	scēote	scute
Plural	scēoten	scuten
Imperative	**Sing.**	**Plural**
	scēot	scēotaþ
Participles	**Present**	**Past**
	scēotende	scoten

Derivations and related words:

ætscēotan - to escape
ascēotan - to shoot forth, shoot out
āscēotan - to move rapidly, shoot
bescēotan - to inject, shoot into, dash
fōrscēotan - to shoot before, anticipate
ofscēotan - to wound, kill by shooting
onscēotan/unscēotan - to open, unbar

ōþscēotan - to shoot away, escape
þurhscēotan - to shoot through, pierce
underscēotan - to intercept, move below
tōscēotan - to disperse, scatter
ġescēot - *n* arrow, dart, hurling, shooting
scot - *n* shot, shooting
scota/scytta/scotere - *m* shooter

sceran	to shave, cut, shear		Strong 4
Infinitive	sceran, scieran, scyran		tō scierenne
Indicative	**Present**		**Past**
1	scere		scear, scær
2	scirest		scære
3	scireþ		scear, scær
Plural	sceraþ		scæron
	Present Perfect		**Past Perfect**
1	hæbbe scoren		hæfde scoren
2	hæfst scoren		hæfdest scoren
3	hæfþ scoren		hæfde scoren
Plural	habbaþ scoren		hæfdon scoren
Subjunctive	**Present**		**Past**
Singular	scere		scære
Plural	sceren		scæren
Imperative	**Sing.**		**Plural**
	scer		sceraþ
Participles	**Present**		**Past**
	scerende		scoren

Derivations and related words:

āsciran - to cut away, cut off
besceran - to shear off, shave off, cut off
ġesceran - to cut hair, cut, cleave, shear
scering - *f* shearing, shaving
scēar - *f* shears, scissors
scearu - *f* shaving, cutting

sceþþan — to injure, hurt, harm, scathe — Strong 6/Weak I

Infinitive	sceþþan, sceaþan	tō sceþþenne
Indicative	**Present**	**Past**
1	sceþþe	sceōd / sceþede
2	sceþþest	sceōde / sceþedest
3	sceþþeþ	sceōd / sceþede
Plural	sceþþaþ	sceōdon / sceþedeon
	Present Perfect	**Past Perfect**
1	hæbbe sceaden / sceþed	hæfde sceaden / sceþed
2	hæfst sceaden / sceþed	hæfdest sceaden / sceþed
3	hæfþ sceaden / sceþed	hæfde sceaden / sceþed
Plural	habbaþ sceaden / sceþed	hæfdon sceaden / sceþed
Subjunctive	**Present**	**Past**
Singular	sceþþe	sceōde / sceþede
Plural	sceþþen	sceōden / sceþeden
Imperative	**Sing.**	**Plural**
	sceþþ	sceþþaþ
Participles	**Present**	**Past**
	sceþþende	sceaden / sceþed

Derivations and related words:

sceaþa - *m* harm, injury, someone who does harm or injury, criminal, robber
sceaþian - *wiI* to hurt, spoil, rob
sceaþung - *f* injury, harm

scīnan	to shine, emit rays		Strong 1
Infinitive	scīnan		tō scīnenne
Indicative	**Present**		**Past**
1	scīne		scān
2	scīnest		scine
3	scīnþ, scīneþ		scān
Plural	scīnaþ		scinon
	Present Perfect		**Past Perfect**
1	hæbbe scinen		hæfde scinen
2	hæfst scinen		hæfdest scinen
3	hæfþ scinen		hæfde scinen
Plural	habbaþ scinen		hæfdon scinen
Subjunctive	**Present**		**Past**
Singular	scīne		scine
Plural	scīnen		scinen
Imperative	**Sing.**		**Plural**
	scīn		scīnaþ
Participles	**Present**		**Past**
	scīnende		scinen

Derivations and related words:

ġescīnan - to shine, shine upon, illuminate
ascīnan - to shine forth
ġeondscīnan - to shine upon, illuminate
oferscīnan - to cover with light, illuminate
scīnness - f brightness, splendor
scīnefrian - wii to glitter
ælfscīnu - f shining like an elf

scippan	to shape, form, create	Strong 6
Infinitive	scieppan, sceppan, scippan	tō scippenne
Indicative	**Present**	**Past**
1	scippe	scōp, sceōp
2	scippest	scōpe, sceōp
3	scippeþ	scōp, sceōp
Plural	scippaþ	scōpon, sceōpon
	Present Perfect	**Past Perfect**
1	hæbbe scapen	hæfde scapen
2	hæfst scapen	hæfdest scapen
3	hæfþ scapen	hæfde scapen
Plural	habbaþ scapen	hæfdon scapen
Subjunctive	**Present**	**Past**
Singular	scippe	scōpe
Plural	scippen	scōpen
Imperative	**Sing.**	**Plural**
	scipp	scippaþ
Participles	**Present**	**Past**
	scippende	scapen, sceapen

Derivations and related words:

āscippan - to create, originate
forscippan - to transform, change for the worse
ġesceap - *n* birth, creation, created thing
frumġesceap - *n* original shape, first creation, first draft

scrīðan	to go, glide, take one's way	Strong 1
Infinitive	scrīðan	tō scrīðenne
Indicative	**Present**	**Past**
1	scrīðe	scrāð
2	scrīðest	scride
3	scrīðeþ	scrāð
Plural	scrīðaþ	scridon
	Present Perfect	**Past Perfect**
1	hæbbe scriden	hæfde scriden
2	hæfst scriden	hæfdest scriden
3	hæfþ scriden	hæfde scriden
Plural	habbaþ scriden	hæfdon scriden
Subjunctive	**Present**	**Past**
Singular	scrīðe	scride
Plural	scrīðen	scriden
Imperative	**Sing.**	**Plural**
	scrīð	scrīðaþ
Participles	**Present**	**Past**
	scrīðende	scriden, scrīðen

Derivations and related words:

ġeondscrīðan - to go through, go about
þurhscrīðan - to pass through, glide through
ymbscrīðan - to go around, revolve round
wīdscrīðol - *adj* wide wandering, roving, rambling

scrīfan	to decree, appoint, shrive, judge	Strong 1

Infinitive	scrīfan	tō scrīfenne
Indicative	**Present**	**Past**
1	scrīfe	scrāf
2	scrīfest	scrife
3	scrīfeþ	scrāf
Plural	scrīfaþ	scrifon
	Present Perfect	**Past Perfect**
1	hæbbe scrifen	hæfde scrifen
2	hæfst scrifen	hæfdest scrifen
3	hæfþ scrifen	hæfde scrifen
Plural	habbaþ scrifen	hæfdon scrifen
Subjunctive	**Present**	**Past**
Singular	scrīfe	scrife
Plural	scrīfen	scrifen
Imperative	**Sing.**	**Plural**
	scrīf	scrīfaþ
Participles	**Present**	**Past**
	scrīfende	scrifen

Derivations and related words:

forscrīfan - to condemn, proscribe
ġescrīfan - to judge, deem, assign, impose, appoint
ġescrif - *n* judgement, command, ceremony
rihtscrīfend - lawyer
rihtscrifscīr - parish, district
bescrifen - confessed

scūfan	to shove, push, thrust		Strong 2
Infinitive	scūfan		tō scūfenne
Indicative	**Present**		**Past**
1	scūfe		scēaf
2	scȳfst, scūfest		scufe
3	scȳfþ, scūfeþ		scēaf
Plural	scūfaþ		scufon
	Present Perfect		**Past Perfect**
1	hæbbe scofen		hæfde scofen
2	hæfst scofen		hæfdest scofen
3	hæfþ scofen		hæfde scofen
Plural	habbaþ scofen		hæfdon scofen
Subjunctive	**Present**		**Past**
Singular	scūfe		scufe
Plural	scūfen		scufen
Imperative	**Sing.**		**Plural**
	scūf		scūfaþ
Participles	**Present**		**Past**
	scūfende		scofen, sceofen

Derivations and related words:

ascūfan - to drive away, expell, banish, repel, shove away
bescūfan - to shove, thrust, cast, throw,
forscūfan - to drive away, cast down
forþascūfan - to drive forward, shove or push forth
ōþscūfan - to push away, move away
tōscūfan - to push apart, scatter, disperse, push in different directions
wiþscūfan - to push back, repel, drive away, refute

sculan must, to owe, ought to, be forced   Preterite-Present

Infinitive	sculan, sceolan	---
Indicative	**Present**	**Past**
1	sceal	scolde, sceolde
2	scealt	scoldest, sceoldest
3	sceal	scolde, sceolde
Plural	sculon, sceolon	scoldon, sceoldon
Subjunctive	**Present**	**Past**
Singular	scule, scyle	scolde
Plural	sculen, scylen	scoldon
Imperative	**Sing.**	**Plural**
	---	---
Participles	**Present**	**Past**
	---	---

seċan	to seek, look for, search for		Irregular Weak
Infinitive	seċan, seċean		tō seċenne

Indicative	**Present**	**Past**
1	seċe	sōhte
2	seċest	sōhtest
3	seċeþ	sōhte
Plural	seċaþ	sōhton

	Present Perfect	**Past Perfect**
1	hæbbe sōht	hæfde sōht
2	hæfst sōht	hæfdest sōht
3	hæfþ sōht	hæfde sōht
Plural	habbaþ sōht	hæfdon sōht

Subjunctive	**Present**	**Past**
Singular	seċe	sōhte
Plural	seċen	sōhten

Imperative	**Sing.**	**Plural**
	seċe	seċaþ

Participles	**Present**	**Past**
	seċende	sōht

Derivations and related words:

aseċan - to seek out
forseċan - to punish, inflict
ġeondseċan - to investigate
oferseċan - to make too great demands on, press too hard
onseċan - to require something on a person
þurhseċan - to search for, seek out
underseċan - to investigate

secgan	to say		Weak III
Infinitive	secgan		tō secgenne
Indicative	**Present**		**Past**
1	secge		sæġde, sæde
2	seġst, sagast		sæġdest, sædest
3	seġþ, sagaþ		sæġde, sæde
Plural	secgaþ		sæġdon, sædon
	Present Perfect		**Past Perfect**
1	hæbbe sæġd		hæfde sæġd
2	hæfst sæġd		hæfdest sæġd
3	hæfþ sæġd		hæfde sæġd
Plural	habbaþ sæġd		hæfdon sæġd
Subjunctive	**Present**		**Past**
Singular	secge		sæġde
Plural	secgen		sæġden
Imperative	**Sing.**		**Plural**
	saga		secgaþ
Participles	**Present**		**Past**
	secgende		sæġd

Derivations and related words:

ǣrendsecgan - to deliver a message
asecgan - to speak out, declare, express, tell, say, relate
besecgan - to defend (verbally), announce
fōresecgan - to predict, foretell, announce
forsecgan - to deny, say against, accuse
onsecgan - to offer a sacrifice, sacrifice
sōþsecgan - to speak the truth, declare truly

sellan	to give, sell deliver		Irregular Weak
Infinitive	sellan, sillan, syllan		tō sellenne
Indicative	**Present**		**Past**
1	selle		sealde, salde
2	selst, sellest		sealdest, saldest
3	selþ, selleþ		sealde, salde
Plural	sellaþ		sealdon, saldon
	Present Perfect		**Past Perfect**
1	hæbbe seald		hæfde seald
2	hæfst seald		hæfdest seald
3	hæfþ seald		hæfde seald
Plural	habbaþ seald		hæfdon seald
Subjunctive	**Present**		**Past**
Singular	selle		sealde
Plural	sellen		sealden
Imperative	**Sing.**		**Plural**
	selle		sellaþ
Participles	**Present**		**Past**
	sellende		seald, sald

Derivations and related words:

asellan - to banish, exile
besellan - to surround
æsellend - *m* law giver
sellend - *m* giver
sealdness - *f* giving
unseald - *adj* ungiven

sendan	to send, cause to go		Weak I
Infinitive	sendan,		tō sendenne

Indicative	**Present**	**Past**
1	sende	sende
2	sendest	sendest
3	sendeþ	sende
Plural	sendaþ	sendon

	Present Perfect	**Past Perfect**
1	hæbbe send	hæfde send
2	hæfst send	hæfdest send
3	hæfþ send	hæfde send
Plural	habbaþ send	hæfdon send

Subjunctive	**Present**	**Past**
Singular	sende	sende
Plural	senden	senden

Imperative	**Sing.**	**Plural**
	sende	sendaþ

Participles	**Present**	**Past**
	sendende	send, sended

Derivations and related words:

aġēnsendan - to send again, send back
ansendan - to send forth
betwyxsendan - to send between
fōresendan - to send before
forþsendan - to send forth

ofsendan - to reach by sending, summon
onsendan - to dispatch, send off
insendan - to send in
eondsend - *adj* overspread

sēon	to see		Strong 5, contracted
Infinitive	sēon		tō sēonne
Indicative	**Present**		**Past**
1	sēo		seah
2	sīehst		sāwe
3	sīehþ		seah
Plural	sēoþ		sāwon
	Present Perfect		**Past Perfect**
1	hæbbe sewen		hæfde sewen
2	hæfst sewen		hæfdest sewen
3	hæfþ sewen		hæfde sewen
Plural	habbaþ sewen		hæfdon sewen
Subjunctive	**Present**		**Past**
Singular	sēo		sāwe
Plural	sēon		sāwen
Imperative	**Sing.**		**Plural**
	sēo		sēon
Participles	**Present**		**Past**
	sēonde		sewen, sawen

Derivations and related words:

āsēon - to look at
besēon - to look around, look about
fōresēon - to foresee, predict
forsēon - to overlook, despise, scorn, reject
forþbesēon - to look forth, look out
ġeondsēon - to see beyond, look through

ofersēon - to observe, survey
ofsēon - to observe, see
onsēon - to look on, regard
þurhsēon - to look through, see through
ymbsēon - to behold, look

sēoþan	to boil, seethe	Strong 2
Infinitive	sēoþan	tō sēoþenne
Indicative	**Present**	**Past**
1	sēoþe	sēaþ
2	sȳþ, sēoþest	sude
3	sȳþ, sēoþeþ	sēaþ
Plural	sēoþaþ	sudon
	Present Perfect	**Past Perfect**
1	hæbbe soden	hæfde soden
2	hæfst soden	hæfdest soden
3	hæfþ soden	hæfde soden
Plural	habbaþ soden	hæfdon soden
Subjunctive	**Present**	**Past**
Singular	sēoþe	sude
Plural	sēoþen	suden
Imperative	**Sing.**	**Plural**
	sēoþ	sēoþa
Participles	**Present**	**Past**
	sēoþende	soden

Derivations and related words:

āsēoþan - to clear from impurity, purify
besēoþan - to boil away
forsēoþan - to boil away

settan to set, place, put Weak I

Infinitive	settan	tō settenne
Indicative	**Present**	**Past**
1	sette	sette
2	settest, setst	settest
3	setteþ	sette
Plural	settaþ	setton
	Present Perfect	**Past Perfect**
1	hæbbe sett	hæfde sett
2	hæfst sett	hæfdest sett
3	hæfþ sett	hæfde sett
Plural	habbaþ sett	hæfdon sett
Subjunctive	**Present**	**Past**
Singular	sette	sette
Plural	setten	setten
Imperative	**Sing.**	**Plural**
	sett	settaþ
Participles	**Present**	**Past**
	settende	sett, seted, set

Derivations and related words:

ġesettan - to set, put, fix, confirm, decree, appoint, occupy, compose, compare, expose
ansettan - to impose
āsettan - to set, put, move
besettan - to beset, set near, appoint, place, own, possess, surround
fōresettan - to set before, propose, shut, close in
forsettan - to set before, to obstruct
forþasettan - to set forth, appoint, make
insettan - to appoint, institute
lēasettan - to pretend, feign
ofersettan - to place over, put in a position of authority
ofsettan - to beset, press hard, oppress

onsettan - to impose, place on something
tōsettan - to place things apart, separate, dispose
ymbsettan - to surround, place around, put round
wiþsettan - to oppose, resist
rāsettan - to move impetuously, to rage (fire)
settend - *m* ordainer, appointer
fōresettednys - *f* proposition
dōmsettend - *m* judge, lawyer, one who judges

sincan	to sink		Strong 3
Infinitive	sincan		tō sincenne
Indicative	**Present**		**Past**
1	since		sanc
2	sincst		sunce
3	sincþ		sanc
Plural	sincaþ		suncon
	Present Perfect		**Past Perfect**
1	eom suncen		wæs suncen
2	eart suncen		wǣre suncen
3	ys suncen		wæs suncen
Plural	syndon suncen		wǣron suncen
Subjunctive	**Present**		**Past**
Singular	since		sunce
Plural	sincen		suncen
Imperative	**Sing.**		**Plural**
	sinc		sincaþ
Participles	**Present**		**Past**
	sincende		suncen

Derivations and related words:

āsincan - to sink down
besincan - to sink, sink down

singan	to sing, narrate		Strong 3
Infinitive	singan		tō singenne

Indicative	**Present**	**Past**
1	singe	sang
2	singst, singest	sunge
3	singþ, singeþ	sang
Plural	singaþ	sungon
	Present Perfect	**Past Perfect**
1	hæbbe sungen	hæfde sungen
2	hæfst sungen	hæfdest sungen
3	hæfþ sungen	hæfde sungen
Plural	habbaþ sungen	hæfdon sungen

Subjunctive	**Present**	**Past**
Singular	singe	sunge
Plural	singen	sungen

Imperative	**Sing.**	**Plural**
	sing	singaþ

Participles	**Present**	**Past**
	singende	sungen

Derivations and related words:

besingan - to enchant, speak a spell, charm
midsingend - *m* co-singer, one who sings along or with another

sittan to sit, stay Strong 5

Infinitive	sittan	tō sittenne
Indicative	**Present**	**Past**
1	site	sæt
2	sitst, sittest, sitest	sǣte
3	sitt, sit, sitteþ, siteþ	sæt
Plural	sittaþ	sǣton
	Present Perfect	**Past Perfect**
1	hæbbe seten	hæfde seten
2	hæfst seten	hæfdest seten
3	hæfþ seten	hæfde seten
Plural	habbaþ seten	hæfdon seten
Subjunctive	**Present**	**Past**
Singular	sitte	sǣte
Plural	sitten	sǣten
Imperative	**Sing.**	**Plural**
	sitt	sittaþ
Participles	**Present**	**Past**
	sittende	seten

Derivations and related words:

asittan - to dwell together	foresittan - preside over
besittan - to sit around, beseige, besit	forsittan - to be absent from, neglect
betuxsittan - to insert, set between	ofersittan - to sit upon, occupy
bigsitten - to sit by or near	ofsittan - to sit upon, press down by sitting
eftsittan - to sit again, reside	onsittan - to sit on, occupy
ymbsittan - to sit around	tōsittan - to sit a distance from one another
fōresittan - to sit before, sit in front of	undersittan - to sit under or below

slǣpan	To sleep		Strong 7
Infinitive	slǣpan, slāpan		tō slǣpenne
Indicative	**Present**		**Past**
1	slǣpe		slēp
2	slǣpst, slǣpest		slēpe
3	slǣpþ, slǣpeþ		slēp
Plural	slǣpaþ		slēpon
	Present Perfect		**Past Perfect**
1	hæbbe slǣpen		hæfde slǣpen
2	hæfst slǣpen		hæfdest slǣpen
3	hæfþ slǣpen		hæfde slǣpen
Plural	habbaþ slǣpen		hæfdon slǣpen
Subjunctive	**Present**		**Past**
Singular	slǣpe		slēpe
Plural	slǣpen		slēpen
Imperative	**Sing.**		**Plural**
	slǣp		slǣpaþ
Participles	**Present**		**Past**
	slǣpende		slǣpen

Derivations and related words:

beslǣpan - to sleep onslǣpan - to fall asleep frumslǣp - *m* first sleep	nihtslǣp - *m* sleep at night slǣpærn - *n* dormitory, bedroom unslǣpig - *adj* sleepless

Notes:

In some texts, **slǣpan** is actually a weak verb, and takes **-te** as the dental root.

slēan   to strike, smite   Strong 6 contract

Infinitive	slēan	tō slēanne
Indicative	**Present**	**Past**
1	slēa	slōh, slōg
2	slīehst	slōge
3	slīehþ	slōh, slōg
Plural	slēaþ	slōgon
	Present Perfect	**Past Perfect**
1	hæbbe slagen	hæfde slagen
2	hæfst slagen	hæfdest slagen
3	hæfþ slagen	hæfde slagen
Plural	habbaþ slagen	hæfdon slagen
Subjunctive	**Present**	**Past**
Singular	slēa	slōge
Plural	slēan	slōgen
Imperative	**Sing.**	**Plural**
	slēh	slēaþ
Participles	**Present**	**Past**
	slēgande	slagen, slæġen, sleġen

Derivations and related words:

aslēan - to strike, beat, hammer
āslēan - to strike off
beslēan - to beat, strike off, cut off
ġeslēan - to strike, pitch a tent
forslēan - to strike with violence
fullslēan - to kill

mannslēan - to kill a man
oferslēan - to reduce, subdue
ofslēan - to kill, slay
þurhslēan - to strike through
wiþslēan - to counteract, counterstrike
tōslēan - to strike to pieces, shatter

smēocan	to smoke, emit smoke	Strong 2
Infinitive	smēocan	tō smēocenne
Indicative	**Present**	**Past**
1	smēoce	smēac
2	smēocest	smuce
3	smēoceþ	smēac
Plural	smēocaþ	smucon
	Present Perfect	**Past Perfect**
1	hæbbe smocen	hæfde smocen
2	hæfst smocen	hæfdest smocen
3	hæfþ smocen	hæfde smocen
Plural	habbaþ smocen	hæfdon smocen
Subjunctive	**Present**	**Past**
Singular	smēoce	smuce
Plural	smēocen	smucen
Imperative	**Sing.**	**Plural**
	smēoc	smēocaþ
Participles	**Present**	**Past**
	smēocende	smocen

Derivations and related words:

smoca - *m* smoke
smocian - *wii* to smoke
smīc - *m* smoke, vapor, steam

snīwan	to snow		Weak I
Infinitive	snīwan		tō snīwenne

Indicative	**Present**	**Past**
1	snīwe	snīwde
2	snīwest	snīwdest
3	snīwþ, snīweþ	snīwde
Plural	snīwaþ	snīwdon
	Present Perfect	**Past Perfect**
1	hæbbe snīwed	hæfde snīwed
2	hæfst snīwed	hæfdest snīwed
3	hæfþ snīwed	hæfde snīwed
Plural	habbaþ snīwed	hæfdon snīwed
Subjunctive	**Present**	**Past**
Singular	snīwe	snīwde
Plural	snīwen	snīwden
Imperative	**Sing.**	**Plural**
	snīwe	snīwaþ
Participles	**Present**	**Past**
	snīwende	snīwed

Derivations and related words:

besnīwed - *adj* covered with snow, besnowed
snāw - *m* snow

Notes:

Often used impersonally.

snīþan   to cut, make an incision, amputate   Strong 1

Infinitive	snīþan	tō snīþenne
Indicative	**Present**	**Past**
1	snīþe	snāþ
2	snīþest	snide
3	snīþeþ	snāþ
Plural	snīþaþ	snidon
	Present Perfect	**Past Perfect**
1	hæbbe sniden	hæfde sniden
ġ2	hæfst sniden	hæfdest sniden
3	hæfþ sniden	hæfde sniden
Plural	habbaþ sniden	hæfdon sniden
Subjunctive	**Present**	**Past**
Singular	snīþe	snide
Plural	snīþen	sniden
Imperative	**Sing.**	**Plural**
	snīþ	snīþaþ
Participles	**Present**	**Past**
	snīþende	sniden

Derivations and related words:

āsnīþan - to cut off, cut out
ofsnīþan - to slaughter an animal
ymbsnīþan - to circumcise
ġesnīþan - to cut off

sorgian — to feel sorrow, grieve, be sorry, care, be anxious — Weak II

Infinitive	sorgian	tō sorgienne

Indicative	**Present**	**Past**
1	sorgie	sorgode
2	sorgast	sorgodest
3	sorgaþ	sorgode
Plural	sorgiaþ	sorgodon

	Present Perfect	**Past Perfect**
1	hæbbe sorgod	hæfde sorgod
2	hæfst sorgod	hæfdest sorgod
3	hæfþ sorgod	hæfde sorgod
Plural	habbaþ sorgod	hæfdon sorgod

Subjunctive	**Present**	**Past**
Singular	sorgie	sorgode
Plural	sorgien	sorgoden

Imperative	**Sing.**	**Plural**
	sorga	sorgiaþ

Participles	**Present**	**Past**
	sorgiende	sorgod

Derivations and related words:

besorgian - to be sorry for, care for, be anxious, fear
efensorgian - to be sorry for
sorgung - *f* grieving, sorrow, grief
orsorg/orsorh - *adj* carefree

fōrsorged - *adj* grieved, made sad
ċearsorg - *f* sorrowful care
unsorh - *adj* without care, secure
sorhfull - *adj* careful, full of anxiety
sorh - *f* care, anxiety

spanan	to allure, entice, lure, decoy, urge, attract	Strong 6
Infinitive	spanan	tō spanenne
Indicative	**Present**	**Past**
1	spane	spōn, speōn
2	spænst, spanest	spōne
3	spænþ, spaneþ	spōn, speōn
Plural	spanaþ	spōnon
	Present Perfect	**Past Perfect**
1	hæbbe spanen	hæfde spanen
2	hæfst spanen	hæfdest spanen
3	hæfþ spanen	hæfde spanen
Plural	habbaþ spanen7	hæfdon spanen
Subjunctive	**Present**	**Past**
Singular	spane	spōne
Plural	spanen	spōnen
Imperative	**Sing.**	**Plural**
	span	spanaþ
Participles	**Present**	**Past**
	spanende	spanen

Derivations and related words:

aspanan - to allure from, entice, induce, persuade, urge
bespanan - to allure, entice, incite, induce, urge
forspanan - to entice, seduce, lure
ġespanan - to allure, entice, persuade, induce
ġespan - *n* prompting, enticing, seducing, seduction
lēasspanung - *f* allurement, seduction, enticement

spannan	to attach, fasten, clasp, bind		Strong 7
Infinitive	spannan		tō spannenne
Indicative	**Present**		**Past**
1	spanne		spēon, spēn
2	spannest		spēone
3	spanneþ		spēon, spēn
Plural	spannaþ		spēonon
	Present Perfect		**Past Perfect**
1	hæbbe spannen		hæfde spannen
2	hæfst spannen		hæfdest spannen
3	hæfþ spannen		hæfde spannen
Plural	habbaþ spannen		hæfdon spannen
Subjunctive	**Present**		**Past**
Singular	spanne		spēone
Plural	spannen		spēonen
Imperative	**Sing.**		**Plural**
	spann		spannaþ
Participles	**Present**		**Past**
	spannende		spannen

Derivations and related words:

āspannan/onspannan/unspannan - to unbind, unclasp
ġespannan - to join, fasten, span
ymbspannan - to bind around, fasten around
ġespan - *n* binding, fastening

sprecan	to speak, use words, speak a language	Strong 5
Infinitive	sprecan, specan	tō sprecenne
Indicative	**Present**	**Past**
1	sprece	spræc
2	spricst	spræce
3	spricþ	spræc
Plural	sprecaþ	spræcon
	Present Perfect	**Past Perfect**
1	hæbbe sprecen	hæfde sprecen
2	hæfst sprecen	hæfdest sprecen
3	hæfþ sprecen	hæfde sprecen
Plural	habbaþ sprecen	hæfdon sprecen
Subjunctive	**Present**	**Past**
Singular	sprece	spræce
Plural	sprecen	spræcen
Imperative	**Sing.**	**Plural**
	sprec	sprecaþ
Participles	**Present**	**Past**
	sprecende	sprecen

Derivations and related words:

æftersprecan - to claim
asprecan - to speak out
besprecan - to tell, proclaim,
bismersprecan - to blaspheme,
forþsprecan - to speak forth
missprecan - to murmur
ofersprecan - to overspeak
wiþsprecan - to speak against
ymbsprecan - to speak about
spræc - f speech, language

forespreca - *m* advocate, defender
onspreca - *m* accuser, one brings a claim
spreca - *m* one who speaks
miċelsprecende - *adj* talking big, boasting
sprecol - *adj* talkative

Notes:

As with the other infinitive, all forms may or may not have the r in spr, much like modern *speak*.

spurnan	to tread down, kick, spurn	Strong 3
Infinitive	spurnan, spornan	tō spurnenne

Indicative	**Present**	**Past**
1	spurne	spearn
2	spurnest	spurne
3	spurneþ	spearn
Plural	spurnaþ	spurnon
	Present Perfect	**Past Perfect**
1	hæbbe spornen	hæfde spornen
2	hæfst spornen	hæfdest spornen
3	hæfþ spornen	hæfde spornen
Plural	habbaþ spornen	hæfdon spornen

Subjunctive	**Present**	**Past**
Singular	spurne	spurne
Plural	spurnen	spurnen

Imperative	**Sing.**	**Plural**
	spurn	spurnaþ

Participles	**Present**	**Past**
	spurnende	spornen

Derivations and related words:

ōþspurnan - to strike against, stumble
wiþspurnan - to dash against
andspurnness - *f* offence

standan to stand Strong 6

Infinitive	standan	tō standenne
Indicative	**Present**	**Past**
1	stande	stōd
2	stendst, standest	stōde
3	stent, standeþ	stōd
Plural	standaþ	stōdon
	Present Perfect	**Past Perfect**
1	hæbbe standen	hæfde standen
2	hæfst standen	hæfdest standen
3	hæfþ standen	hæfde standen
Plural	habbaþ standen	hæfdon standen
Subjunctive	**Present**	**Past**
Singular	stande	stōde
Plural	standen	stōden
Imperative	**Sing.**	**Plural**
	stand	standaþ
Participles	**Present**	**Past**
	standende	standen

Derivations and related words:

ætsandan - to stand, stand still, stand near	oferstandan - to stand above
aģēnstandan - to stand against	ofstandan - to stand remain
andstandan - to sustain, abide, stand by	ōþstandan - to stop, come to standstill
anstandan - to stand upon, inhabit, dwell	tōstandan - to differ, be different, stand apart
bestandan - to stand by, surround	þurhstandan - to persist continue
fōrestandan - to stand before, excel	understandan - to understand
framstandan - to stand away from,	wiþerstandan/wiþstandan - to resist
instandan - to be near, present	ymbstandan - to stand around

stelan	to steal	Strong 4
Infinitive	stelan	tō stelenne
Indicative	**Present**	**Past**
1	stele	stæl
2	stelst, *stilst	stǣle
3	stilþ, stelþ	stæl
Plural	stelaþ	stǣlon
	Present Perfect	**Past Perfect**
1	hæbbe stolen	hæfde stolen
2	hæfst stolen	hæfdest stolen
3	hæfþ stolen	hæfde stolen
Plural	habbaþ stolen	hæfdon stolen
Subjunctive	**Present**	**Past**
Singular	stele	stǣle
Plural	stelen	stǣlen
Imperative	**Sing.**	**Plural**
	stel	stelaþ
Participles	**Present**	**Past**
	stelende	stolen

Derivations and related words:

bestelan - to steal away, rob
forstelan - to steal violently, rob, mug

stellan   to set, give a place to, place   Irregular Weak

Infinitive	stellan, stillan	tō stellenne
Indicative	**Present**	**Past**
1	stelle	stealde
2	stelst, stelest	stealdest
3	stelþ, steleþ	stealde
Plural	stellaþ	stealdon
	Present Perfect	**Past Perfect**
1	hæbbe steald	hæfde steald
2	hæfst steald	hæfdest steald
3	hæfþ steald	hæfde steald
Plural	habbaþ steald	hæfdon steald
Subjunctive	**Present**	**Past**
Singular	stelle	stealde
Plural	stellen	stealden
Imperative	**Sing.**	**Plural**
	stele	stellaþ
Participles	**Present**	**Past**
	stellende	steald

Derivations and related words:

anstellan - to establish, cause, appoint
astellan - to set forth, place, set, establish
oferstellan - to cross
weallstellung - *f* establishment of a wall, repair a wall
feohsteald - *n* possession of riches
ġesteald - *n* a settled place, station, abode

steorfan	to die		Strong 3
Infinitive	steorfan		tō steorfenne
Indicative	**Present**		**Past**
1	steorfe		stearf
2	steorfest		sturfe
3	steorfeþ		stearf
Plural	steorfaþ		sturfon
	Present Perfect		**Past Perfect**
1	eom storfen		wæs storfen
2	eart storfen		wǣre storfen
3	ys storfen		wæs storfen
Plural	syndon storfen		wǣron storfen
Subjunctive	**Present**		**Past**
Singular	steorfe		sturfe
Plural	steorfen		sturfen
Imperative	**Sing.**		**Plural**
	steorf		steorfaþ
Participles	**Present**		**Past**
	steorfan		storfen

Derivations and related words:

asteorfan - to die
steorfa - *m* mortality, pestilence

steppan to step, tread, go Strong 6

Infinitive	steppan, stæppan	tō steppenne
Indicative	**Present**	**Past**
1	steppe	stōp
2	stæpst, steppest	stōpe
3	stæpþ, steppeþ	stōp
Plural	steppaþ	stōpon
	Present Perfect	**Past Perfect**
1	eom stapen	wæs stapen
2	eart stapen	wǣre stapen
3	ys stapen	wæs stapen
Plural	syndon stapen	wǣron stapen
Subjunctive	**Present**	**Past**
Singular	steppe	stōpe
Plural	steppen	stōpen
Imperative	**Sing.**	**Plural**
	stepe	steppaþ
Participles	**Present**	**Past**
	steppende	stapen

Derivations and related words:

fōrestæppan/fōresteppan - to step before
instæppan - to step in, enter
forþsteppan - to step forth, forward
ofersteppan - to overstep, cross over
ofsteppan - to trample
onsteppan - to walk, go
instæpe - *m* entrance
stæpe - *m* step, pace

stīgan	to go, ascend, mount, descend, climb	Strong 1
Infinitive	stīgan	tō stīgenne
Indicative	**Present**	**Past**
1	stīge	stāh
2	*stīhst, stīgest	stige
3	stīhþ, stīgeþ	stāh
Plural	stīgaþ	stigon
	Present Perfect	**Past Perfect**
1	eom stigen	wæs stigen
2	eart stigen	wǣre stigen
3	ys stigen	wæs stigen
Plural	syndon stigen	wǣron stigen
Subjunctive	**Present**	**Past**
Singular	stīge	stige
Plural	stīgen	stigen
Imperative	**Sing.**	**Plural**
	stīg	stīgaþ
Participles	**Present**	**Past**
	stīgende	stigen

Derivations and related words:

āstīgan - to go, climb, come, step, proceed
fōrestīgan - to go before, excel
ġestīgan - to mount, ascend, descend
oferstīgan - mount, scale, surmount

ofstīgan - descend
upstīgend - *m* one who ascends
stīgend - *m* sailor, one who boards a ship
astīgend - *m* rider

streġdan   to sprinkle, strew, scatter, spread   Strong 3/Weak I

Infinitive	streġdan	tō streġdenne
Indicative	**Present**	**Past**
1	streġde	stræġd, stræd / streġde
2	streġdest, *striġtst	struge / stræd
3	stret, striġdeþ, streġdeþ	stræġd, stræd / streġde
Plural	streġdaþ	strugdon / streġdon
	Present Perfect	**Past Perfect**
1	hæbbe strogden / streġd	hæfde strogden / streġd
2	hæfst strogden / streġd	hæfdest strogden / streġd
3	hæfþ strogden / streġd	hæfde strogden / streġd
Plural	habbaþ strogden / streġd	hæfdon strogden / streġd
Subjunctive	**Present**	**Past**
Singular	streġde	strugde
Plural	streġden	strugden
Imperative	**Sing.**	**Plural**
	streġd	streġdaþ
Participles	**Present**	**Past**
	streġdende	strogden / streġd

Derivations and related words:

astreġdan - to sprinkle, spread, scatter
forstreġdan - to destroy
onstreġdan - to sprinkle
understreġdan - to understrew
tōstreġdan - to scatter to pieces, disperse, destroy

swefan to sleep Strong 5

Infinitive	swefan	tō swefenne
Indicative	**Present**	**Past**
1	swefe	swæf
2	swifest, swifst	swǣfe
3	swifeþ, *swifþ	swæf
Plural	swefaþ	swǣfon
	Present Perfect	**Past Perfect**
1	hæbbe swefen	hæfde swefen
2	hæfst swefen	hæfdest swefen
3	hæfþ swefen	hæfde swefen
Plural	habbaþ swefen	hæfdon swefen
Subjunctive	**Present**	**Past**
Singular	swefe	swǣfe
Plural	swefen	swǣfen
Imperative	**Sing.**	**Plural**
	swef	swefaþ
Participles	**Present**	**Past**
	swefende	swefen

Derivations and related words:

swefian/swebban - *wi* to send to sleep, lull
unswefen - *n* bad dream
swefenracu - *f* interpretation of dreams
swefen - *n* sleep
swefecung - *f* sleep, slumber

swelgan	to swallow		Strong 3
Infinitive	swelgan		tō swelgenne
Indicative	**Present**		**Past**
1	swelge		swealh, swealg
2	swelhst, swelgest		swulge
3	swelhþ, swelgeþ		swealh, swealg
Plural	swelgaþ		swulgon
	Present Perfect		**Past Perfect**
1	hæbbe swolgen		hæfde swolgen
2	hæfst swolgen		hæfdest swolgen
3	hæfþ swolgen		hæfde swolgen
Plural	habbaþ swolgen		hæfdon swolgen
Subjunctive	**Present**		**Past**
Singular	swelge		swulge
Plural	swelgen		swulgen
Imperative	**Sing.**		**Plural**
	swelg		swelgaþ
Participles	**Present**		**Past**
	swelgende		swolgen

Derivations and related words:

forswelgan - to swallow up, devour
ġeswelgan - to swallow
ofswelgan - to swallow up, devour
swelgere - swallower, glutton

swellan	to swell		Strong 3
Infinitive	swellan		tō swellenne
Indicative	**Present**		**Past**
1	swelle		sweall
2	swellest		swulle
3	swelleþ		sweall
Plural	swellaþ		swullon
	Present Perfect		**Past Perfect**
1	hæbbe swollen		hæfde swollen
2	hæfst swollen		hæfdest swollen
3	hæfþ swollen		hæfde swollen
Plural	habbaþ swollen		hæfdon swollen
Subjunctive	**Present**		**Past**
Singular	swelle		swulle
Plural	swellen		swullen
Imperative	**Sing.**		**Plural**
	swell		swellaþ
Participles	**Present**		**Past**
	swellende		swollen

Derivations and related words:

aswellan - to swell
tōswellan - to swell out, grow big
inġeswell - *n* internal swelling
swelling - *f* swelling

sweltan	to die		Strong 3
Infinitive	sweltan, swiltan, swyltan		tō sweltenne
Indicative	**Present**		**Past**
1	swelte		swealt
2	sweltest, sweltest		swulte
3	swylt, swelteþ		swealt
Plural	sweltaþ		swulon
	Present Perfect		**Past Perfect**
1	eom swolten		wæs swolten
2	eart swolten		wære swolten
3	ys swolten		wæs swolten
Plural	syndon swolten		wæron swolten
Subjunctive	**Present**		**Past**
Singular	swelte		swulte
Plural	swelten		swulten
Imperative	**Sing.**		**Plural**
	swelt		sweltaþ
Participles	**Present**		**Past**
	sweltende		swolten
Derivations and related words:			

asweltan - to die
forsweltan - to perish, die off
sweltendlīċ - *adj* read to die

swerian	to swear		Strong 6/Weak I

Infinitive	swerian	tō swerienne

Indicative	**Present**	**Past**
1	swerie	swōr / swerede
2	sweriest	swore / sweredest
3	swerieþ	swōr / swerede
Plural	sweriaþ	swōron / sweredon
	Present Perfect	**Past Perfect**
1	hæbbe swaren / swered	hæfde swaren / swered
2	hæfst swaren / swered	hæfdest swaren / swered
3	hæfþ swaren / swered	hæfde swaren / swered
Plural	habbaþ swaren / swered	hæfdon swaren / swered

Subjunctive	**Present**	**Past**
Singular	swerie	swōre
Plural	swerien	swōren

Imperative	**Sing.**	**Plural**
	swer	sweriaþ

Participles	**Present**	**Past**
	sweriende	sworen, swaren / swered

Derivations and related words:

ætswerian - to forswear, deny with an oath
āþswerian - to curse
mānswerian - to swear falsely, commit perjury
ofswerian - to deny on oath
ōþswerian - to deny on oath, abjure
forswerian - to forswear, perjure
fōreswerian - to swear before

swīcan	to move about, wander, deceive	Strong 1
Infinitive	swīcan	tō swīcene
Indicative	**Present**	**Past**
1	swīce	swāc
2	swīcest, *swīcst	swice
3	swīcþ, swīceþ	swāc
Plural	swīcaþ	swicon
	Present Perfect	**Past Perfect**
1	hæbbe swicen	hæfde swicen
2	hæfst swicen	hæfdest swicen
3	hæfþ swicen	hæfde swicen
Plural	habbaþ swicen	hæfdon swicen
Subjunctive	**Present**	**Past**
Singular	swīce	swice
Plural	swīcen	swicen
Imperative	**Sing.**	**Plural**
	swīc	swīcaþ
Participles	**Present**	**Past**
	swīcende	swicen

Derivations and related words:

āswīcan - to desert, betray, deceive, offend
beswīcan - to betray, deceive
fromswīcan - to withdraw, desert
ġeswīcan - to leave off, desert, cease, stop, rest, turn from, relinquish, fail
swica - *m* betrayer, deceiver

mannswica - *m* betrayer, traitor
hlāfordswica - *m* betrayer of a lord
swice - *f* trap, *adj* fraudulent, deceitful
ēswīca - *m* hypocrite, heathen
beswīcend - *m* deceiver, betrayer, imposter
ǣswīc - *m* deceit, sedition, offence

swimman	to swim		Strong 3
Infinitive	swimman		tō swimmenne
Indicative	**Present**		**Past**
1	swimme		swamm, swomm
2	swimst		swumme
3	swimþ		swamm, swomm
Plural	swimmaþ		swummon
	Present Perfect		**Past Perfect**
1	eom swummen		wæs swummen
2	eart swummen		wǣre swummen
3	ys swummen		wæs swummen
Plural	syndon swummen		wǣron swummen
Subjunctive	**Present**		**Past**
Singular	swimme		swumme
Plural	swimmen		swummen
Imperative	**Sing.**		**Plural**
	swimm		swimmaþ
Participles	**Present**		**Past**
	swimmende		swummen

Derivations and related words:

oferswimman - to swim across
ōþswimman - to swimm off
þurhswimman - to swim through, swim by
hēafodswīma - *m* swimming in the head, dizziness
laguswimmend - *m* fish, thing that swims

swincan	to toil, labor, work		Strong 3

Infinitive	swincan	tō swincenne

Indicative	**Present**	**Past**
1	swince	swanc
2	swincst	swunce
3	swincþ	swanc
Plural	swincaþ	swuncon
	Present Perfect	**Past Perfect**
1	hæbbe swuncen	hæfde swuncen
2	hæfst swuncen	hæfdest swuncen
3	hæfþ swuncen	hæfde swuncen
Plural	habbaþ swuncen	hæfdon swuncen

Subjunctive	**Present**	**Past**
Singular	swince	swunce
Plural	swincen	swuncen

Imperative	**Sing.**	**Plural**
	swinc	swincaþ

Participles	**Present**	**Past**
	swincende	swuncen

Derivations and related words:

beswincan - to work, toil, labor for
(ġe)swinc - *n* labor, work, exercise, torment, fatigue
ġerihtġeswinc - *n* lawful labor
swinclēas - *adj* without struggle or labor
oferġeswincfull - *adj* overwork, excessive labor

tǣċan	to show, present, show a way, direct, teach	Weak I
Infinitive	tǣċan	tō tǣċenne
Indicative	**Present**	**Past**
1	tǣċe	tǣhte
2	tǣċst	tǣhtest
3	tǣċþ, tǣċeþ	tǣhte
Plural	tǣċaþ	tǣhton
	Present Perfect	**Past Perfect**
1	hæbbe tǣht	hæfde tǣht
2	hæfst tǣht	hæfdest tǣht
3	hæfþ tǣht	hæfde tǣht
Plural	habbaþ tǣht	hæfdon tǣht
Subjunctive	**Present**	**Past**
Singular	tǣċe	tǣhte
Plural	tǣċen	tǣhten
Imperative	**Sing.**	**Plural**
	tǣċe	tǣcaþ
Participles	**Present**	**Past**
	tǣċende	tǣht

Derivations and related words:

betǣċan - to show, deliver, betake, send
mistǣċan - to teach wrongly
betǣċung - *f* betaking

tellan	to tell, narrate, recount, count, compute		Irregular Weak
Infinitive	tellan		tō tellenne
Indicative	**Present**		**Past**
1	telle		tealde
2	telst, telest		tealdest
3	telþ, teleþ		tealde
Plural	tellaþ		tealdon
	Present Perfect		**Past Perfect**
1	hæbbe teald		hæfde teald
2	hæfst teald		hæfdest teald
3	hæfþ teald		hæfde teald
Plural	habbaþ teald		hæfdon teald
Subjunctive	**Present**		**Past**
Singular	telle		tealde
Plural	tellen		tealden
Imperative	**Sing.**		**Plural**
	tele		tellaþ
Participles	**Present**		**Past**
	tellende		teald

Derivations and related words:

betellan - to answer, speak about, excuse
unteald - *adj* uncounted

tēon	to draw, pull, drag, accuse	Strong 2 contracted
Infinitive	tēon	tō tēonne
Indicative	**Present**	**Past**
1	tēo	tēah
2	tīehst, tīhst	tuge
3	tīehþ, tīhþ	tēah
Plural	tēoþ	tugon
	Present Perfect	**Past Perfect**
1	hæbbe togen	hæfde togen
2	hæfst togen	hæfdest togen
3	hæfþ togen	hæfde togen
Plural	habbaþ togen	hæfdon togen
Subjunctive	**Present**	**Past**
Singular	tēo	tuge
Plural	tēon	tugen
Imperative	**Sing.**	**Plural**
	tēo	tēoþ
Participles	**Present**	**Past**
	tēonde	togen

Derivations and related words:

atēon - to draw out, pull away, lead out
betēon - to draw over, cover, surround
fortēon - to mislead, seduce, hurt, gripe
forþatēon - to draw forth, bring forth
framatēon - to draw away from
ofertēon - to draw one thing over another

oftēon - to withdraw
ontēon - to withdraw, pull away
þurhtēon - to carry through
wiþtēon - to withdraw, draw back
tōtēon - to draw to pieces, pull apart
tēond - *m* one who draws

teran   to tear, bite, rend   Strong 4

Infinitive	teran	tō terenne
Indicative	**Present**	**Past**
1	tere	tær
2	tyrst	tære
3	tyrþ	tær
Plural	teraþ	tæron
	Present Perfect	**Past Perfect**
1	hæbbe toren	hæfde toren
2	hæfst toren	hæfdest toren
3	hæfþ toren	hæfde toren
Plural	habbaþ toren	hæfdon toren
Subjunctive	**Present**	**Past**
Singular	tere	tære
Plural	teren	tæren
Imperative	**Sing.**	**Plural**
	ter	teraþ
Participles	**Present**	**Past**
	terende	toren

Derivations and related words:

āteran - to tear away
framateran - to tear from, tear asunder
tōteran - to tear to pieces, tear apart
ġeter - *n* tearing

tredan	to tread, trample, step	Strong 5
Infinitive	tredan	tō tredenne
Indicative	**Present**	**Past**
1	trede	træd
2	trytst, trydst, tredest	træde
3	tryt(t), tredeþ	træd
Plural	tredaþ	trædon
	Present Perfect	**Past Perfect**
1	eom treden	wæs treden
2	eart treden	wære treden
3	ys treden	wæs treden
Plural	syndon treden	wæron treden
Subjunctive	**Present**	**Past**
Singular	trede	træde
Plural	treden	træden
Imperative	**Sing.**	**Plural**
	tred	tredaþ
Participles	**Present**	**Past**
	tredende	treden

Derivations and related words:

atredan - to tread, twist from, extort
betredan - to tread upon
fortredan - to tread upon
ofertredan - to trample upon
oftredan - to tread, trample

tōtredan - to trample to pieces
tredel - *m* step
trede - *adj* firm to step on
unfortreden - *adj* not destroyed by treading

trymman — to make strong, make firm, encourage, comfort — Weak I

Infinitive	trymman	tō trymmenne

Indicative	**Present**	**Past**
1	trymme	trymede
2	trymest	trymedest
3	trymeþ	trymede
Plural	trymmaþ	trymedon

	Present Perfect	**Past Perfect**
1	hæbbe trymed	hæfde trymed
2	hæfst trymed	hæfdest trymed
3	hæfþ trymed	hæfde trymed
Plural	habbaþ trymed	hæfdon trymed

Subjunctive	**Present**	**Past**
Singular	trymme	trymede
Plural	trymmen	trymeden

Imperative	**Sing.**	**Plural**
	tryme	trymmaþ

Participles	**Present**	**Past**
	trymmende	trymed

Derivations and related words:

þurhtrymman - to confirm thoroughly, corroborate
untrymman - to be weak, sick, ill, infirm
ymbtrymman - to surround
ġetrymman - to confirm, strengthen, encourage, establish, found, set in order
emtrymming - *f* fortress, fence
trymming - *f* strengthening, confirming, establishing

unnan	to grant, allow		Preterite-Present
Infinitive	unnan		tō unnenne
Indicative	**Present**		**Past**
1	ann		ūþe
2	anst		ūþest
3	ann		ūþe
Plural	unnon		ūþon
	Present Perfect		**Past Perfect**
1	hæbbe unnen		hæfde unnen
2	hæfst unnen		hæfdest unnen
3	hæfþ unnen		hæfde unnen
Plural	habbaþ unnen		hæfdon unnen
Subjunctive	**Present**		**Past**
Singular	unne		ūþe
Plural	unnen		ūþen
Imperative	**Sing.**		**Plural**
	unn		unnaþ
Participles	**Present**		**Past**
	unnende		unnen

Derivations and related words:

ofunnan - to begrudge someone, deprive a person of something

wadan	to go, pass, proceed		Strong 6
Infinitive	wadan		tō wadenne
Indicative	**Present**		**Past**
1	wade		wōd
2	wadest		wōde
3	wadeþ		wōd
Plural	wadaþ		wōdon
	Present Perfect		**Past Perfect**
1	eom waden		wæs waden
2	eart waden		wære waden
3	ys waden		wæs waden
Plural	syndon waden		wæron waden
Subjunctive	**Present**		**Past**
Singular	wade		wōde
Plural	waden		wōden
Imperative	**Sing.**		**Plural**
	wad		wadaþ
Participles	**Present**		**Past**
	wadende		waden

Derivations and related words:

anwadan - to invade
ġeondwadan - to go through
ġewadan - to go, wade
oferwadan - to cross by wading
onwadan - to penetrate, to make one's way into
þurhwadan - to go through, pass through
wadung - f wading, travelling

wascan	to wash		Strong 6
Infinitive	wascan, waxan, wæscan		tō wascenne
Indicative	**Present**		**Past**
1	wasce		wōsc, wōx, wēox
2	wascest, *wæscst		wōsce, wōxe
3	wasceþ, *wæscþ		wōsc, wōx, wēox
Plural	wascaþ		wōscon, wōxon
	Present Perfect		**Past Perfect**
1	hæbbe wascen		hæfde wascen
2	hæfst wascen		hæfdest wascen
3	hæfþ wascen		hæfde wascen
Plural	habbaþ wascen		hæfdon wascen
Subjunctive	**Present**		**Past**
Singular	wasce		wōsce
Plural	wascen		wōscen
Imperative	**Sing.**		**Plural**
	wasc		wascaþ
Participles	**Present**		**Past**
	wascende		wascen, waxen, wæscen

Derivations and related words:

ġewascan - to wash
āwæscan - to wash
(ġe)wæsc - *n* wash, overflow of water
unāwæscen - *adj* unwashen
wæscestre - *f* one who washes, washer

wealdan to rule, wield, have power over   Strong 7

Infinitive	wealdan	tō wealdenne
Indicative	**Present**	**Past**
1	wealde	wēold
2	wealtst, wealdest	wēolde
3	wealt, wealdeþ	wēold
Plural	wealdaþ	wēoldon
	Present Perfect	**Past Perfect**
1	hæbbe wealden	hæfde wealden
2	hæfst wealden	hæfdest wealden
3	hæfþ wealden	hæfde wealden
Plural	habbaþ wealden	hæfdon wealden
Subjunctive	**Present**	**Past**
Singular	wealde	wēolde
Plural	wealden	wēolden
Imperative	**Sing.**	**Plural**
	weald	wealdaþ
Participles	**Present**	**Past**
	wealdende	wealden

Derivations and related words:

ġewealdan - to wield, rule over, command, control
oferwealdan - to wield control over, rule over
ānweald - *adj* monarchical, sole ruling, *m* monarch
ānwealdend - *m* ruler
wealda - *m* ruler

weaxan	to grow, wax	Strong 6
Infinitive	weaxan, weahsan, weacsan, wexan	tō weaxenne
Indicative	**Present**	**Past**
1	weaxe	wēox
2	wyxt	wēoxe
3	wyxþ, wyxt, weaxþ, weaxeþ	wēox
Plural	weaxaþ	wēoxon
	Present Perfect	**Past Perfect**
1	hæbbe weaxen	hæfde weaxen
2	hæfst weaxen	hæfdest weaxen
3	hæfþ weaxen	hæfde weaxen
Plural	habbaþ weaxen	hæfdon weaxen
Subjunctive	**Present**	**Past**
Singular	weaxe	wēoxe
Plural	weaxen	wēoxen
Imperative	**Sing.**	**Plural**
	weax	weaxaþ
Participles	**Present**	**Past**
	weaxende	weaxen

Derivations and related words:

aweaxan - to grow up, arise
beweaxan - to overgrow
efenweaxan - to grow together
forþweaxan - to grow forth
forweaxan - to overgrow, swell

ymbweaxan - to surround
tōweaxan - to grow in a scattered way
fullweaxen - *adj* fully grown
weaxness - *f* growth, waxing
weaxung - *f* growing, waxing

wefan	to weave, arrange		Strong 5
Infinitive	wefan		tō wefenne

Indicative	**Present**	**Past**
1	wefe	wæf
2	wyfst	wæfe
3	wyfþ, wyfeþ	wæf
Plural	wefaþ	wæfon
	Present Perfect	**Past Perfect**
1	hæbbe wefen	hæfde wefen
2	hæfst wefen	hæfdest wefen
3	hæfþ wefen	hæfde wefen
Plural	habbaþ wefen	hæfdon wefen

Subjunctive	**Present**	**Past**
Singular	wefe	wæfe
Plural	wefen	wæfen

Imperative	**Sing.**	**Plural**
	wef	wefaþ

Participles	**Present**	**Past**
	wefende	wefen

Derivations and related words:

awefan - to weave
bewefan - to cover over, envelope
ġewef - *n* web, sometimes like fate is woven
wefta - *m* weft, woof
wefung - *f* weaving

wegan	to move, carry, bear	Strong 5
Infinitive	wegan	tō wegenne
Indicative	**Present**	**Past**
1	wege	wæġ
2	wihst, wigest	wǣge
3	wihþ, wigeþ	wæġ
Plural	wegaþ	wǣgon
	Present Perfect	**Past Perfect**
1	hæbbe weġen	hæfde weġen
2	hæfst weġen	hæfdest weġen
3	hæfþ weġen	hæfde weġen
Plural	habbaþ weġen	hæfdon weġen
Subjunctive	**Present**	**Past**
Singular	wege	wǣge
Plural	wegen	wǣgen
Imperative	**Sing.**	**Plural**
	weġ	wegaþ
Participles	**Present**	**Past**
	wegende	weġen

Derivations and related words:

ætwegan - to take away
awegan - to carry away
bewegan - to cover, cover over, surround
forwegan - to kill
tōwegan - to disperse, dispel

weġ - *m* way, road, path
aweġ - *adv* away
hwælweġ - *m* whale road, kenning for ocean
midweġ - *m* midway
orweġness - *f* inaccessibility, remoteness

wendan — to turn, cause to move, alter direction, change, convert — Weak I

	Infinitive	wendan	tō wendenne
	Indicative	**Present**	**Past**
	1	wende	wende
	2	wendest	wendest
	3	wendeþ	wende
	Plural	wendaþ	wendon
		Present Perfect	**Past Perfect**
	1	hæbbe wended	hæfde wended
	2	hæfst wended	hæfdest wended
	3	hæfþ wended	hæfde wended
	Plural	habbaþ wended	hæfdon wended
	Subjunctive	**Present**	**Past**
	Singular	wende	wende
	Plural	wenden	wenden
	Imperative	**Sing.**	**Plural**
		wend	wendaþ
	Participles	**Present**	**Past**
		wendende	wended

Derivations and related words:

andwendan - to change
awendan - to turn away, turn off, avert
bewendan - to turn, turn round, convert
edwendan - to return, cease, desist
framawendan - to turn away, turn from

onwendan - to turn, change
ōþwendan - to turn away, divert
tōwendan - to overthrow, upset, subvert
ymbwendan - to turn round, convert, move
wending - *f* turning, revolution, mutation

weorpan	to throw, cast	Strong 3
Infinitive	weorpan, wyrpan, wurpan	tō weorpenne
Indicative	**Present**	**Past**
1	weorpe	wearp
2	wyrpst, weorpest	wurpe
3	wyrpþ, weorpeþ	wearp
Plural	weorpaþ	wurpon
	Present Perfect	**Past Perfect**
1	hæbbe worpen	hæfde worpen
2	hæfst worpen	hæfdest worpen
3	hæfþ worpen	hæfde worpen
Plural	habbaþ worpen	hæfdon worpen
Subjunctive	**Present**	**Past**
Singular	weorpe	wurpe
Plural	weorpen	wurpen
Imperative	**Sing.**	**Plural**
	weorp	weorpaþ
Participles	**Present**	**Past**
	weorpende	worpen

Derivations and related words:

aweġweorpan - to throw away
aweorpan - to cast down, throw away
āweorpan - to throw, cast violently
beweorpan - to throw down, cast down
forweorpan - to throw away, cast away
framweorpan - to throw from
oferweorpan - to overthrow, throw down

ofweorpan - to kill by throwing
onweorpan - to throw aside
tōweorpan - to scatter, throw away
wiþweorpan - to reject
ymbweorpan - to throw around, surround
weorpere - *m* thrower
winterweorp - *n* winter casting, snow storm

weorþan — to become, come to pass, be, be made, happen, turn into — Strong 3

Infinitive	weorþan, wyrþan, wurþan	tō weorþenne
Indicative	**Present**	**Past**
1	weorþe	wearþ
2	wyrþst, weorþest	wurde
3	wyrþ	wearþ
Plural	weorþaþ	wurdon
	Present Perfect	**Past Perfect**
1	eom worden	wæs worden
2	eart worden	wǣre worden
3	ys worden	wæs worden
Plural	syndon worden	wǣron worden
Subjunctive	**Present**	**Past**
Singular	weorþe	wurde
Plural	weorþan	wurden
Imperative	**Sing.**	**Plural**
	weorþ	weorþaþ
Participles	**Present**	**Past**
	weorþende	worden

Derivations and related words:

aweorþan - to cease to be, become insipid
forweorþan - to become ill, become nothing, die, be undone
ġeweorþan - to come to be, happen, become
misweorþan - to turn out badly
forweorþenes - *f* coming from nothing, perishing

wēpan to weep, wail, mourn, lament Strong 7

Infinitive	wēpan	tō wēpenne
Indicative	**Present**	**Past**
1	wēpe	wēop, wēp
2	wēpst	wēope, wēpe
3	wēpþ	wēop, wēp
Plural	wēpaþ	wēopon, wēpon
	Present Perfect	**Past Perfect**
1	hæbbe wōpen	hæfde wōpen
2	hæfst wōpen	hæfdest wōpen
3	hæfþ wōpen	hæfde wōpen
Plural	habbaþ wōpen	hæfdon wōpen
Subjunctive	**Present**	**Past**
Singular	wēpe	wēope
Plural	wēpen	wēopen
Imperative	**Sing.**	**Plural**
	wēpe	wēpaþ
Participles	**Present**	**Past**
	wēpende	wōpen

Derivations and related words:

bewēpan - to weep, bewail, weep over
bewēpendlīċ - *adj* lamentable, deplorable
wēpendlīċ - *adj* lamentable, mournful

wesan   to be, exist   Irregular Verb

Infinitive	wesan	tō wesan
Indicative	**Present**	**Past**
1	eom	wæs
2	eart	wǣre
3	ys, is	wæs
Plural	syndon, sindon, sind, sint, synd	wǣron
Subjunctive	**Present**	**Past**
Singular	sīe	wǣre
Plural	sīen	wǣren
Imperative	**Sing.**	**Plural**
	wes	wesaþ
Participles	**Present**	**Past**
	wesende	---

Derivations and related words:

ætwesan - to be present
fōrewesan - to preside, be before
ġewesan - to be together, converse

Notes:

Connected directly to **bēon** *to be* and shares a past tense with it.

willan	to want, wish, will, purpose, think	Irregular Verb
Infinitive	willan	tō willenne
Indicative	**Present**	**Past**
1	wille, wile	wolde
2	wilt	woldest
3	wille, wile	wolde
Plural	willaþ	woldon
Subjunctive	**Present**	**Past**
Singular	wille, wile	wolde
Plural	willen	wolden
Imperative	**Sing.**	**Plural**
	---	---
Participles	**Present**	**Past**
	willende	---

winnan to work, toil, fight, strive, win   Strong 3

Infinitive	winnan	tō winnenne
Indicative	**Present**	**Past**
1	winne	wann
2	winst, winnest	wunne
3	winþ, winneþ	wann
Plural	winnaþ	wunnon
	Present Perfect	**Past Perfect**
1	hæbbe wunnen	hæfde wunnen
2	hæfst wunnen	hæfdest wunnen
3	hæfþ wunnen	hæfde wunnen
Plural	habbaþ wunnen	hæfdon wunnen
Subjunctive	**Present**	**Past**
Singular	winne	wunne
Plural	winnen	wunnen
Imperative	**Sing.**	**Plural**
	winn	winnaþ
Participles	**Present**	**Past**
	winnende	wunnen

Derivations and related words:

anwinnan - to fight against, attack awinnan - to overcome ġewinnan - to fight, contend, make war oferwinnan - to conquer, overcome, subdue wiþerwinnan - to resist, oppose wiþwinnan - to resist, fight against	ġewin(n) - *n* war, battle, strife, hostilities, work, labor ġewinna - *m* enemy, opponent wiþerwinn - *n* contest, conflict winnstōw - *f* wrestling place, place of contest

witan	to know, be aware	Preterite-Present
Infinitive	witan	tō witenne
Indicative	**Present**	**Past**
1	wāt	wiste, wisse
2	wāst	wistest, wissest
3	wāt	wiste, wisse
Plural	witon	wiston, wisson
	Present Perfect	**Past Perfect**
1	hæbbe witen	hæfde witen
2	hæfst witen	hæfdest witen
3	hæfþ witen	hæfde witen
Plural	habbaþ witen	hæfdon witen
Subjunctive	**Present**	**Past**
Singular	wite	wiste
Plural	witen	wisten
Imperative	**Sing.**	**Plural**
	wite	witaþ
Participles	**Present**	**Past**
	witende	witen

Derivations and related words:

bewitan - to watch over, preside
fōrewitan - to know before, predict, foreknow
ġewitan - to understand, know
wita - *m* wise man
unwita - *m* fool, unwise man

wrecan	to wreck, drive, avenge, punish	Strong 5
Infinitive	wrecan	tō wrecenne
Indicative	**Present**	**Past**
1	wrece	wræc
2	wricst, wrecest	wræce
3	wricþ, wreceþ	wræc
Plural	wrecaþ	wræcon
	Present Perfect	**Past Perfect**
1	hæbbe wrecen	hæfde wrecen
2	hæfst wrecen	hæfdest wrecen
3	hæfþ wrecen	hæfde wrecen
Plural	habbaþ wrecen	hæfdon wrecen
Subjunctive	**Present**	**Past**
Singular	wrece	wræce
Plural	wrecen	wræcen
Imperative	**Sing.**	**Plural**
	wrec	wrecaþ
Participles	**Present**	**Past**
	wrecende	wrecen

Derivations and related words:

bewrecan - to exile, send forth, strike, beat
awrecan - to drive away
ġewrecan - to avenge, punish, revenge
oferwrecan - to overwhelm
þēodwrecan - to revenge throughly
þurhwrecan - to thrust through
wrecca - *m* one driven from one's country, an exile, pilgrim

wrēon	to cover, conceal		Strong 1/Strong 2 contracted
Infinitive	wrēon		tō wrēonne
Indicative	**Present**		**Past**
1	wrēo		wrāh / wrēah
2	wrīhst		wriġe / wuge
3	wrīhþ		wrāh / wrēah
Plural	wrēoþ		wriġon / wugon
	Present Perfect		**Past Perfect**
1	hæbbe wriġen / wrogen		hæfde wriġen / wrogen
2	hæfst wriġen / wrogen		hæfdest wriġen / wrogen
3	hæfþ wriġen / wrogen		hæfde wriġen / wrogen
Plural	habbaþ wriġen / wrogen		hæfdon wriġen / wrogen
Subjunctive	**Present**		**Past**
Singular	wrēo		wriġe / wuge
Plural	wrēon		wriġen / wugen
Imperative	**Sing.**		**Plural**
	wrēoh		wrēoþ
Participles	**Present**		**Past**
	wrīġonde		wriġen / wrogen

Derivations and related words:

anwrēon/unwrēon/onwrēon - to uncover, reveal
bewrēon - to cover, protect, cover up
inbewrēon - to cover up
oferwrēon - to cover over

wrītan	to write, cut, draw		Strong 1
Infinitive	wrītan		tō wrītenne
Indicative	**Present**		**Past**
1	wrīte		wrāt
2	wrītest		write
3	wrīteþ		wrāt
Plural	wrītaþ		writon
	Present Perfect		**Past Perfect**
1	hæbbe writen		hæfde writen
2	hæfst writen		hæfdest writen
3	hæfþ writen		hæfde writen
Plural	habbaþ writen		hæfdon writen
Subjunctive	**Present**		**Past**
Singular	wrīte		write
Plural	wrīten		writen
Imperative	**Sing.**		**Plural**
	wrīt		wrītaþ
Participles	**Present**		**Past**
	wrītende		writen

Derivations and related words:

ġewrītan - to grant or bestow by writing	cranicwritere - *m* chronicler
awrītan - to transcribe, write down, describe	ġewrit - *n* message, writing
bewrītan - to write down	irfeġewrit - will, writing of inheritance
forewrītan - to prescribe	handġewrit - handwritten message
forwrītan - to cut asunder	ealdwritere - *m* historian
miswrītan - to mistake	notwritere - *m* note writer
writere - *m* writer, scribe	tīdwritere - *m* annalist, chronicler

wunian	to live, dwell, remain		Weak II
Infinitive	wunian		tō wunienne
Indicative	**Present**		**Past**
1	wunie		wunode
2	wunast		wunodest
3	wunaþ		wunode
Plural	wuniaþ		wunodon
	Present Perfect		**Past Perfect**
1	hæbbe wunod		hæfde wunod
2	hæfst wunod		hæfdest wunod
3	hæfþ wunod		hæfde wunod
Plural	habbaþ wunod		hæfdon wunod
Subjunctive	**Present**		**Past**
Singular	wunie		wunode
Plural	wunien		wunoden
Imperative	**Sing.**		**Plural**
	wuna		wuniaþ
Participles	**Present**		**Past**
	wuniende		wunod

Derivations and related words:

ānwunian - to live alone
awunian - to remain, abide, continue
þurhwunian - to continue, survive, live through
wunung - f dwelling, living

wyrcan	to work, labor, make, construct	Irregular Weak
Infinitive	wyrcan, weorcan	tō wyrcenne
Indicative	**Present**	**Past**
1	wyrce	worhte
2	wyrcst	worhtest
3	wyrcþ	worhte
Plural	wyrcaþ	worhton
	Present Perfect	**Past Perfect**
1	hæbbe worht	hæfde worht
2	hæfst worht	hæfdest worht
3	hæfþ worht	hæfde worht
Plural	habbaþ worht	hæfdon worht
Subjunctive	**Present**	**Past**
Singular	wyrce	worhte
Plural	wyrcen	worhten
Imperative	**Sing.**	**Plural**
	wyrce	wyrcaþ
Participles	**Present**	**Past**
	wyrcende	worht

Derivations and related words:

awyrcan - to effect, do
bewyrcan - to work, make, build, cover
forwyrcan - to miswork, do wrong, sin
efernwyrcan - to cooperate
fullwyrcan - to complete work, accomplish
ymbwyrcan - to surround with works

sāmwyrcan - to do something incompletely
unwyrcan - to undo, destroy
wyrht - *n* work, doing
wyrhta - *m* worker, wright
scipwyrhta - *m* shipmaker, ship builder

yrnan	to run		Strong 3
Infinitive	yrnan, irnan, iernan, rinnan		tō yrnenne
Indicative	**Present**		**Past**
1	yrne		arn
2	yrnst, yrnest		urne
3	yrnþ, yrneþ		arn
Plural	yrnaþ		urnon
	Present Perfect		**Past Perfect**
1	eom urnen		wæs urnen
2	eart urnen		wǣre urnen
3	ys urnen		wæs urnen
Plural	syndon urnen		wǣron urnen
Subjunctive	**Present**		**Past**
Singular	yrne		urne
Plural	yrnen		urnen
Imperative	**Sing.**		**Plural**
	yrn		yrnaþ
Participles	**Present**		**Past**
	yrnende		urnen

Derivations and related words:

aġenyrnan - to run against, meet with
ayrnan - to run over, pass over
beyrnan - to run by, come in, traverse
fōryrnan - to run before
forþyrnan - to run forth
ōþyrnan - to escape, run away

ætirnan - to run away
oferirnan - to run passed, cross
onirnan - to yield, give way
ymbirnan - to go round
tōirnan - to run in different directions
underirnan - to run beneath

þurfan   to need, have need   Preterite-Present

Infinitive	þurfan, þearfan	tō þearfenne
Indicative	**Present**	**Past**
1	þearf	þorfte
2	þearft	þorftest
3	þearf	þorfte
Plural	þurfon	þorfton
	Present Perfect	**Past Perfect**
1	hæbbe þurfen	hæfde þurfen
2	hæfst þurfen	hæfdest þurfen
3	hæfþ þurfen	hæfde þurfen
Plural	habbaþ þurfen	hæfdon þurfen
Subjunctive	**Present**	**Past**
Singular	þurfe	þorfte
Plural	þurfen	þorften
Imperative	**Sing.**	**Plural**
	þurf	þurfaþ
Participles	**Present**	**Past**
	þurfende, þyrfende	þurfen, þyrfen

Derivations and related words:

beþurfan - to need, have need, want, require
beþearfende - *adj* needly
þearf - *f* need
hēahþearf - *f* great need
nīdþearf - *f* necessity, *adj* necessary, needful
oferþearf - *f* extreme need
unþearf - *f* disadvantageous, hurt, harm

þencan	to think, meditate		Irregular Weak
Infinitive	þencan		tō þencenne
Indicative	**Present**		**Past**
1	þence		þōhte
2	þencest		þōhtest
3	þenceþ		þōhte
Plural	þencaþ		þōhton
	Present Perfect		**Past Perfect**
1	hæbbe þōht		hæfde þōht
2	hæfst þōht		hæfdest þōht
3	hæfþ þōht		hæfde þōht
Plural	habbaþ þōht		hæfdon þōht
Subjunctive	**Present**		**Past**
Singular	þence		þōhte
Plural	þencen		þōhten
Imperative	**Sing.**		**Plural**
	þence		þencaþ
Participles	**Present**		**Past**
	þencende		þōht

Derivations and related words:

aþencan - to think out, devise, invent
beþencan - to think, consider, remember
ymbþencan - to consider
oferþencan - to think over, consider
ofþencan - to remember

forþencan - to mistake, disdain, distrust
fōreþencan - to think ahead, forethink
ġeondþencan - to consider, think over
underþencan - to look into, consider

þēon   to thrive, prosper, flourish   Strong 1 contract

Infinitive	þēon	tō þēonne
Indicative	**Present**	**Past**
1	þēo	þāh
2	þīhst	þiġe
3	þīhþ	þāh
Plural	þēoþ	þiġon
	Present Perfect	**Past Perfect**
1	hæbbe þiġen	hæfde þiġen
2	hæfst þiġen	hæfdest þiġen
3	hæfþ þiġen	hæfde þiġen
Plural	habbaþ þiġen	hæfdon þiġen
Subjunctive	**Present**	**Past**
Singular	þēo	þiġe
Plural	þēon	þiġen
Imperative	**Sing.**	**Plural**
	þēoh	þēoþ
Participles	**Present**	**Past**
	þēonde	þiġen

Derivations and related words:

foreþēon - to excel, surpass
forþēon - to oppress
ġeþēon - to grow, grow up, increase, thrive, flourish, tame, oppress, do
misþēon - to succeed badly, degenerate
oferþēon - to thrive past others, excel, surpass
onþēon - to prosper

þerscan	to thrash, beat, strike, flog, batter	Strong 3
Infinitive	þerscan	tō þerscenne
Indicative	**Present**	**Past**
1	þersce	þærsc
2	þirscest	þursce
3	þirsceþ	þærsc
Plural	þerscaþ	þurscon
	Present Perfect	**Past Perfect**
1	hæbbe þorscen	hæfde þorscen
2	hæfst þorscen	hæfdest þorscen
3	hæfþ þorscen	hæfde þorscen
Plural	habbaþ þorscen	hæfdon þorscen
Subjunctive	**Present**	**Past**
Singular	þersce	þursce
Plural	þerscen	þurscen
Imperative	**Sing.**	**Plural**
	þersc	þerscaþ
Participles	**Present**	**Past**
	þerscende	þorscen

Derivations and related words:

āþerscan - to thresh out
forþerscan - to destroy by beating
beþerscan - to beat thoroughly
tōþerscan - to knock to pieces
ġeþersc - *n* strike, whipping, beating, thrashing
þerscung - *f* thrashing, beating
þerscel - *m* an implement for threshing corn, threshel

þicgan   to take, partake, accept, receive   Strong 5

Infinitive	þicgan	tō þicgenne
Indicative	**Present**	**Past**
1	þicge	þeah
2	þiġst, þicgest	þǣge
3	þiġþ, þicgeþ	þeah
Plural	þicgaþ	þǣgon
	Present Perfect	**Past Perfect**
1	hæbbe þeġen	hæfde þeġen
2	hæfst þeġen	hæfdest þeġen
3	hæfþ þeġen	hæfde þeġen
Plural	habbaþ þeġen	hæfdon þeġen
Subjunctive	**Present**	**Past**
Singular	þicge	þǣge
Plural	þicgen	þǣgen
Imperative	**Sing.**	**Plural**
	þiġe	þicgaþ
Participles	**Present**	**Past**
	þicgende	þeġen

Derivations and related words:

ōþþicgan - to take from
ġeþicgan - to accept, take, receive

þringan to press, crowd, throng Strong 3

Infinitive	þringan	tō þringenne
Indicative	**Present**	**Past**
1	þringe	þrang
2	þringst	þrunge
3	þingþ	þrang
Plural	þringaþ	þrungon
	Present Perfect	**Past Perfect**
1	hæbbe þrungen	hæfde þrungen
2	hæfst þrungen	hæfdest þrungen
3	hæfþ þrungen	hæfde þrungen
Plural	habbaþ þrungen	hæfdon þrungen
Subjunctive	**Present**	**Past**
Singular	þringe	þrunge
Plural	þringen	þrungen
Imperative	**Sing.**	**Plural**
	þring	þringaþ
Participles	**Present**	**Past**
	þringende	þrungen

Derivations and related words:

ætþringan - to take away, deprive of
aþringan - to throng or press out
beþringan - to throng around, surround
forþringan - to snatch, protect
ġeþringan - to press, oppress
ofþringan - to press upon, crowd
ōþþringan - to take a person's life
tōþringan - to crush, press asunder, scatter by pressure
ymbþringan - to throng around, surround, crowd around
þring - *n* press, crowd

þwēan	to wash, anoint, clean		Strong 6 contract
Infinitive	þwēan		tō þwēanne
Indicative	**Present**		**Past**
1	þwēa		þwōg
2	þīehst		þwōge
3	þīehþ		þwōg
Plural	þwēaþ		þwōgon
	Present Perfect		**Past Perfect**
1	hæbbe þwagen		hæfde þwagen
2	hæfst þwagen		hæfdest þwagen
3	hæfþ þwagen		hæfde þwagen
Plural	habbaþ þwagen		hæfdon þwagen
Subjunctive	**Present**		**Past**
Singular	þwēa		þwōge
Plural	þwēan		þwōgen
Imperative	**Sing.**		**Plural**
	þwēh		þwēan
Participles	**Present**		**Past**
	þweġande		þwagen, þwogen, þweġen, þwæġen

Derivations and related words:

aþwēan - to wash out, clean out, cleanse, baptize, anoint
beþwēan - to wet, wash
onþwēan - to wash, clean by washing

þwēal - *adj* washing
ofþwēal - *adj* washing often
handþwēal - *adj* handwashing
fōtþwēan - *adj* foot washing

þyncan	to seem, appear (often used impersonally)	Irregular Weak
Infinitive	þyncan	tō þyncenne
Indicative	**Present**	**Past**
1	þynce	þūhte
2	þyncest	þūhtest
3	þynceþ	þūhte
Plural	þyncaþ	þūhton
	Present Perfect	**Past Perfect**
1	hæbbe þūht	hæfde þūht
2	hæfst þūht	hæfdest þūht
3	hæfþ þūht	hæfde þūht
Plural	habbaþ þūht	hæfdon þūht
Subjunctive	**Present**	**Past**
Singular	þynce	þūhte
Plural	þyncen	þūhten
Imperative	**Sing.**	**Plural**
	þynce	þyncaþ
Participles	**Present**	**Past**
	þyncende	þūht

Derivations and related words:

misþyncan - to have mistaken ideas
ofþyncan - to express sorrow
onþyncan - to seem, appear
ġeþuhtsum - *adj* abundant

Index

A

abacan, 12
abannan, 14
abēatan, 15
abelgan, 16
abēodan, 18
aberan, 21
āberan, 21
aberstan, 22
āberstan, 22
ābīdan, 24
abiddan, 25
ābīsġian, 27
abītan, 28
ablāwan, 30
āblāwan, 30
ablōtan, 31
abrecan, 33
ābrecan, 33
abregdan, 34
abrēotan, 35
ābrūcan, 36
abycgan, 38
ābycgan, 38
aċeorfan, 39
āċeorfan, 39
aċēosan, 40
āclēofan, 42
acuman, 46
ācunnan, 47
acweccan, 48
acwelan, 49
acwellan, 50
ācweþan, 51
ādelfan, 54
adēman, 55
adōn, 56
ādragan, 58
adrēogan, 59
adrēosan, 60
adrīfan, 62
adrincan, 63
ādrincan, 63

afaran, 70
afeohtan, 73
afindan, 74
aflēon, 76
afōn, 78
afterrīdan, 152
afyrhtan, 85
agalan, 86
āgan, 9
aġēncuman, 46
aġēnhweorfan, 115
aġēnsendan, 173
aġēnstandan, 192
aġenyrnan, 233
aġēotan, 90
aġieldan, 91
aġifan, 93
aġitan, 94
āġitan, 94
agrafan, 96
āgrafan, 96
āgrētan, 97
agrōwan, 98
ahabban, 99
āhabban, 99
āhangian, 101
āhātan, 102
ahēawan, 104
ahebban, 105
ahelpan, 106
ahlēapan, 109
ahlehhan, 111
ahlyhhan, 111
ahōn, 112
ahrēosan, 113
ahsian, 11
ahweorfan, 115
ahycgan, 117
alangian, 131
alecgan, 122
alēogan, 123
ālēogan, 123
alesan, 125
ālesan, 125
alibban, 126

alūcan, 132
alūtan, 134
alǣdan, 120
ālǣdan, 120
alǣtan, 121
amāwan, 136
ametan, 139
amolsnian, 141
amunan, 143
anbindan, 26
ancnāwan, 43
ancuman, 46
andbīcnian, 23
andcweþan, 51
andġitan, 94
andrǣdan, 57
andstandan, 192
andswarian, 10
andwendan, 220
anfindan, 74
anfōn, 78
ānforlǣtan, 121
anġildan, 91
anġitan, 94
anhealdan, 103
anhebban, 105
animan, 148
āniman, 148
ānlǣtan, 121
ansendan, 173
ansettan, 176
anstandan, 192
anstellan, 194
answarian, 10
anwadan, 214
anwinnan, 226
anwrēon, 229
ānwunian, 231
arīdan, 152
arīsan, 155
arǣdan, 151
asāwan, 158
āsceafan, 160
ascēotan, 161
āscēotan, 161

242

ascian, 11
ascīnan, 164
āscippan, 165
āsciran, 162
ascūfan, 168
aseċan, 170
asecgan, 171
asellan, 172
āsēon, 174
āsēoþan, 175
āsettan, 176
āsincan, 178
asittan, 180
aslēan, 182
āslēan, 182
āsnīþan, 185
aspanan, 187
āspannan, 188
asprecan, 189
astellan, 194
asteorfan, 195
āstīgan, 197
astreġdan, 198
aswellan, 201
asweltan, 202
āswīcan, 204
atēon, 209
āteran, 210
atredan, 211
aweaxan, 217
awefan, 218
aweġalūcan, 132
awegan, 219
aweġberan, 21
aweġniman, 148
aweġweorpan, 221
awendan, 220
aweorpan, 221
āweorpan, 221
aweorþan, 222
awinnan, 226
awrecan, 228
awrītan, 230
awunian, 231
awyrcan, 232
āwæscan, 215

axian, 11
ayrnan, 233
aþencan, 235
āþerscan, 237
aþringan, 239
āþswerian, 203
aþwēan, 240

B

bacan, 12
baðian, 13
bannan, 14
bēatan, 15
bebaðian, 13
bebēodan, 18
bebeorgan, 20
beberan, 21
bebiddan, 25
bebindan, 26
bebītan, 28
beblāwan, 30
bebrecan, 33
bebregdan, 34
bebrūcan, 36
bebycgan, 38
beċeorfan, 39
beċēowan, 41
becrēopan, 45
becuman, 46
beċȳpan, 52
bedelfan, 54
bedōn, 56
bedragan, 58
bedrīfan, 62
bedūfan, 64
bedȳppan, 67
befaran, 70
befealdan, 71
befeallan, 72
befeohtan, 73
beflēogan, 75
beflēon, 76
beflōwan, 77
befōn, 78
befrēon, 81

befrinan, 84
begalan, 86
beġēotan, 90
beġiellan, 92
beġinnan, 150
beġitan, 94
beglīdan, 95
begrafan, 96
behabban, 99
behātan, 102
behealdan, 103
behēawan, 104
behlēapan, 109
behlehhan, 111
behōn, 112
behrēosan, 113
behweorfan, 115
behycgan, 117
belecgan, 122
belēogan, 123
belēosan, 124
belgan, 16
belibban, 126
belimpan, 129
belūcan, 132
belǣdan, 120
bemetan, 139
bemurnan, 144
beniman, 148
benugan, 17
bēodan, 18
beoran, 21
beorgan, 20
beran, 21
berīdan, 152
berīpan, 154
berōwan, 156
berstan, 22
berǣdan, 151
besacan, 157
besceafan, 160
bescēotan, 161
besceran, 162
bescūfan, 168
besecgan, 171
besellan, 172

beseon, 174
beseoþan, 175
besettan, 176
besincan, 178
besingan, 179
besittan, 180
beslēan, 182
beslǣpan, 181
besorgian, 186
bespanan, 187
besprecan, 189
bestandan, 192
bestelan, 193
beswīcan, 204
beswincan, 206
betellan, 208
betēon, 209
betredan, 211
betuxsittan, 180
betwyxsendan, 173
betǣċan, 207
beweaxan, 217
bewefan, 218
bewegan, 219
bewendan, 220
beweorpan, 221
bewēpan, 223
bewitan, 227
bewrecan, 228
bewrēon, 229
bewrītan, 230
bewyrcan, 232
beyrnan, 233
beþencan, 235
beþerscan, 237
beþringan, 239
beþurfan, 234
beþwēan, 240
bicgan, 38
bīcnian, 23
bīdan, 24
biddan, 25
bigsitten, 180
bihlyhhan, 111
bindan, 26
bīsġian, 27

bismersprecan, 189
bītan, 28
blandan, 29
blāwan, 30
blōdġēotan, 90
blōdlǣtan, 121
blondan, 29
blōtan, 31
blōwan, 32
brecan, 33
brēotan, 35
brūcan, 36
būan, 37
būgan, 37
būgian, 37
būwan, 37
bycgan, 38
bȳsġian, 27

C

ċeorfan, 39
ċēosan, 40
ċēowan, 41
ċīosan, 40
ċīpan, 52
clēofan, 42
cnāwan, 43
crēopan, 45
cuman, 46
cunnan, 47
cūþian, 47
cūþlǣtan, 121
cweccan, 48
cwelan, 49
cwellan, 50
cweþan, 51
ċȳpan, 52

D

delfan, 54
dēman, 55
dōn, 56
dragan, 58
drēogan, 59

drēosan, 60
drepan, 61
drīfan, 62
drincan, 63
drǣdan, 57
dūfan, 64
dūfian, 64
dugan, 65
durran, 66
dȳppan, 67
dǣlniman, 148

E

edġifan, 93
edwendan, 220
efencuman, 46
efenetan, 69
efenmetan, 139
efensorgian, 186
efenweaxan, 217
efernwyrcan, 232
eftaġyfan, 93
eftcuman, 46
efthweorfan, 115
eftsittan, 180
eġehealdan, 103
endian, 68
etan, 69

F

fangen, 78
faran, 70
fealdan, 71
feallan, 72
feohtan, 73
fēowerfealdan, 71
findan, 74
flēogan, 75
flēon, 76
flōwan, 77
fōn, 78
fōr(e)cuman, 46
forbelgan, 16
forbēodan, 18

forberan, 21
fōrberan, 21
forberstan, 22
forblāwan, 30
forbrecan, 33
forbregdan, 34
forċeorfan, 39
forċēowan, 41
forcuman, 46
forcweþan, 51
fordelfan, 54
fordēman, 55
fordōn, 56
fordrīfan, 62
fordrincan, 63
forebēodan, 18
fōreberan, 21
forecweþan, 51
foredēman, 55
fōrefōn, 78
foreġeċēosan, 40
foresacan, 157
fōresecgan, 171
fōresendan, 173
fōresēon, 174
fōresettan, 176
foresittan, 180
fōresittan, 180
fōrestandan, 192
fōresteppan, 196
fōrestīgan, 197
fōrestæppan, 196
fōreswerian, 203
fōrewesan, 224
fōrewitan, 227
forewrītan, 230
fōreþencan, 235
foreþēon, 236
forfaran, 70
fōrfaran, 70
forfeallan, 72
forflēon, 76
forfōn, 78
forġieldan, 91
forġifan, 93
forġitan, 94

forgrōwan, 98
forhabban, 99
forhātan, 102
forhealdan, 103
forhēawan, 104
forhycgan, 117
forlēosan, 124
forlǣdan, 120
forlǣtan, 121
formeltan, 138
formolsnian, 141
forniman, 148
fōrrīdan, 152
forrǣdan, 151
forsacan, 157
fōrscēotan, 161
forscippan, 165
forscrīfan, 167
forscūfan, 168
forseċan, 170
forsecgan, 171
forsēon, 174
forsēoþan, 175
forsettan, 176
forsittan, 180
forslēan, 182
forspanan, 187
forstelan, 193
forstreġdan - to destroy, 198
forswelgan, 200
forsweltan, 202
forswerian, 203
fortēon, 209
fortredan, 211
forweaxan, 217
forwegan, 219
forweorpan, 221
forweorþan, 222
forwrītan, 230
forwyrcan, 232
fōryrnan, 233
forþascūfan, 168
forþasettan, 176
forþatēon, 209
forþberan, 21

forþberstan, 22
forþbesēon, 174
forþblāwan, 30
forþcuman, 46
forþdōn, 56
forþencan, 235
forþēon, 236
forþerscan, 237
forþfaran, 70
forþflōwan, 77
forþforlǣtan, 121
forþġefremman, 80
forþġēotan, 90
forþhealdan, 103
forþhrēosan, 113
forþlūtan, 134
forþlǣdan, 120
forþringan, 239
forþsendan, 173
forþsprecan, 189
forþsteppan, 196
forþweaxan, 217
forþyrnan, 233
framadōn, 56
framatēon, 209
framateran, 210
framawendan, 220
framflēon, 76
framstandan, 192
framweorpan, 221
fremman, 80
frēogan, 81
frēosan, 82
fretan, 83
friġnan, 84
fromswīcan, 204
frumslǣp, 181
fulberstan, 22
fuldōn/fulldōn, 56
fulfealdan, 71
fullfaran, 70
fullfremman, 80
fullgrōwan, 98
fullslēan, 182
fullwyrcan, 232
fyrhtan, 85

245

G

galan, 86
gebīdan, 24
ġebiddan, 25
ġeblōwan, 32
gebrecan, 33
ġebycgan, 38
ġeċēosan, 40
ġeċȳpan, 52
gedōn, 56
gedrēogan, 59
gedrēosan, 60
gedrepan, 61
gedrīfan, 62
ġeendian, 68
ġeetan, 69
gefremman, 80
ġeġifan, 93
ġegrōwan, 98
gehabban, 99
gehealdan, 103
gehēawan, 104
gehebban, 105
gehelpan, 106
gehladan, 108
gehrēosan, 113
gehycgan, 117
gelangian, 131
gelibban, 126
gelimpan, 129
ġelīþan, 128
ġelofian, 130
ġelūcan, 132
ġelufian, 133
ġelūtan, 134
ġemelcan, 137
ġemeniġfealdan, 71
ġemētan, 140
ġemolsnian, 141
ġemunan, 143
ġemyltan, 138
ġenerian, 147
ġeondblāwan, 30
ġeondfaran, 70
ġeondflōwan, 77

ġeondġēotan, 90
ġeondsāwan, 158
ġeondscīnan, 164
ġeondscrīðan, 166
ġeondseċan, 170
ġeondsēon, 174
ġeondwadan, 214
ġeondþencan, 235
ġēotan, 90
ġerīdan, 152
ġerīpan, 154
ġerīsan, 155
ġerōwan, 156
ġesceafan, 160
ġesceran, 162
ġescīnan, 164
ġescrīfan, 167
ġesettan, 176
ġeslēan, 182
ġesnīþan, 185
ġespanan, 187
ġespannan, 188
ġestīgan, 197
ġeswelgan, 200
ġeswīcan, 204
ġetrymman, 212
ġewadan, 214
ġewascan, 215
ġewealdan, 216
ġeweorþan, 222
ġewesan, 224
ġewinnan, 226
ġewitan, 227
ġewrecan, 228
ġewrītan, 230
ġeþēon, 236
ġeþicgan, 238
ġeþringan, 239
ġieldan, 91
ġiellan, 92
ġifan, 93
ġitan, 94
glīdan, 95
grafan, 96
grētan, 97
grōwan, 98

H

habban, 99
hafian, 100
hangian, 101
hātan, 102
healdan, 103
hēawan, 104
hebban, 105
helpan, 106
hladan, 108
hlēapan, 109
hlifian, 110
hlihhan, 111
hōn, 112
hrēosan, 113
huntian, 114
hweorfan, 115
hwēsan, 116
hworfan, 115
hwurfan, 115
hycgan, 117
hȳran, 118
hæbban, 105

I

iernan, 233
in(ā)beran, 21
inbelgan, 16
inbelūcan, 132
inbewrēon, 229
inbindan, 26
inblāwan, 30
inbūan, 37
incuman, 46
indrīfan, 62
infaran, 70
infindan, 74
inġēotan, 90
inhebban, 105
insendan, 173
insettan, 176
instandan, 192
instæppan, 196
irnan, 233

īwan, 119

L

langian, 131
lēasettan, 176
lecgan, 122
lēogan, 123
lēosan, 124
lesan, 125
libban, 126
licgan, 127
limpan, 129
lofian, 130
lūcan, 132
lufian, 133
lūtan, 134
lǣdan, 120
lǣtan, 121

M

magan, 135
mannslēan, 182
mānswerian, 203
māwan, 136
melcan, 137
meltan, 138
metan, 139
mētan, 140
misbēodan, 18
misbregdan, 34
misdōn, 56
misfaran, 70
misfōn, 78
misgrētan, 97
mishealdan, 103
mislibban, 126
mislimpan, 129
misrǣdan, 151
missprecan, 189
mistǣċan, 207
misweorþan, 222
miswrītan, 230
misþēon, 236
misþyncan, 241

molsnian, 141
mōtan, 142
munan, 143
murnan, 144

N

nabban, 145
nāgan, 146
nerian, 147
nīdniman, 148
niman, 148
nyllan, 149

O

ofaxian, 11
ofbēatan, 15
ofdrincan, 63
oferbīdan, 24
oferbrecan, 33
oferbregdan, 34
ofercuman, 46
oferdōn, 56
oferdrincan, 63
oferfaran, 70
oferfeallan, 72
oferfeohtan, 73
oferflēon, 76
oferfōn, 78
oferġēotan, 90
oferġitan, 94
ofergrōwan, 98
oferhabban, 99
oferhealdan, 103
oferhebban, 105
oferhlēapan, 109
oferhlifian, 110
oferhycgan, 117
oferirnan, 233
oferlecgan, 122
oferlibban, 126
oferlǣdan, 120
oferniman, 148
oferrōwan, 156
oferrǣdan, 151

ofersāwan, 158
oferscīnan, 164
oferseċan, 170
ofersēon, 174
ofersettan, 176
ofersittan, 180
oferslēan, 182
ofersprecan, 189
oferstandan, 192
oferstellan, 194
ofersteppan, 196
oferstīgan, 197
oferswimman, 205
ofertēon, 209
ofertredan, 211
oferwadan, 214
oferwealdan, 216
oferweorpan, 221
oferwinnan, 226
oferwrecan, 228
oferwrēon, 229
oferþencan, 235
oferþēon, 236
offaran, 70
offeallan, 72
offrettan, 83
ofġēotan, 90
ofġifan, 93
ofhabban, 99
ofhealdan, 103
ofhrēosan, 113
oflecgan, 122
oflēogan, 123
oflǣtan, 121
ofmunan, 143
ofniman, 148
ofrīdan, 152
ofsacan, 157
ofscēotan, 161
ofsendan, 173
ofsēon, 174
ofsettan, 176
ofsittan, 180
ofslēan, 182
ofsnīþan, 185
ofstandan, 192

ofsteppan, 196
ofstīgan, 197
ofswelgan, 200
ofswerian, 203
oftēon, 209
oftredan, 211
ofunnan, 213
ofweorpan, 221
ofþencan, 235
ofþringan, 239
ofþyncan, 241
onbēodan, 18
onberan, 21
onbīdan, 24
onbindan, 26
onblandan, 29
onblāwan, 30
onblōtan, 31
oncunnan, 47
ondōn, 56
ondrincan, 63
ondrǣdan, 57
onfealdan, 71
onfindan, 74
onfōn, 78
ongalan, 86
onġēotan, 90
onġifan, 93
onġinnan, 150
onhātan, 102
onhladan, 108
onhrēosan, 113
onirnan, 233
onīwan, 119
onlūcan, 132
onlūtan, 134
onmētan, 140
onsacan, 157
onscēotan, 161
onseċan, 170
onsecgan, 171
onsendan, 173
onsēon, 174
onsettan, 177
onsittan, 180
onslǣpan, 181

onspannan, 188
onsteppan, 196
onstreġdan, 198
ontēon, 209
onwadan, 214
onwendan, 220
onwrēon, 229
onþēon, 236
onþwēan, 240
onþyncan, 241
ōþberan, 21
ōþberstan, 22
ōþbregdan, 34
ōþcwelan, 49
ōþdōn, 56
ōþfaran, 70
ōþfeallan, 72
ōþflēogan, 75
ōþflēon, 76
ōþglīdan, 95
ōþhealdan, 103
ōþhebban, 105
ōþhlēapan, 109
ōþīwan, 119
ōþlǣdan, 120
ōþrīdan, 152
ōþrīpan, 154
ōþrōwan, 156
ōþsacan, 157
ōþscēotan, 161
ōþscūfan, 168
ōþspurnan, 191
ōþstandan, 192
ōþswerian, 203
ōþswimman, 205
ōþwendan, 220
ōþyrnan, 233
ōþþicgan, 238
ōþþringan, 239

R

rāsettan, 177
reġnian, 153
rīdan, 152
riġnian, 153

rīnan, 153
rinnan, 233
rīpan, 154
rīsan, 155
rōwan, 156
rǣdan, 151

S

sacan, 157
sāmwyrcan, 232
sāwan, 158
sceafan, 160
sceaþan, 163
sceaþian, 163
sceolan, 169
scēotan, 161
sceppan, 165
sceran, 162
sceþþan, 163
scieppan, 165
scieran, 162
scīnan, 164
scippan, 165
scrīðan, 166
scrīfan, 167
scūfan, 168
sculan, 169
scyran, 162
sealmlofian, 130
seċan, 170
seċean, 170
secgan, 171
sellan, 172
sendan, 173
sēon, 174
sēoþan, 175
settan, 176
sillan, 172
sincan, 178
singan, 179
sittan, 180
slāpan, 181
slēan, 182
slǣpan, 181
smēocan, 183

smocian, 183
snīwan, 184
snīþan, 185
sōþsecgan, 171
spanan, 187
spannan, 188
sprecan, 189
spurnan, 191
standan, 192
stelan, 193
stellan, 194
steorfan, 195
steppan, 196
stīgan, 197
stillan, 194
streġdan, 198
stæppan, 196
swebban, 199
swefan, 199
swefian, 199
swelgan, 200
swellan, 201
sweltan, 202
swerian, 203
swīcan, 204
swimman, 205
swincan, 206
syllan, 172

T

tellan, 208
tēon, 209
teran, 210
tōbeatan, 15
tōberan, 21
tōberstan, 22
tōblāwan, 30
tōbrecan, 33
tōbreġdan, 34
tōċeorfan, 39
tōċēowan, 41
tōclēofan, 42
tōcnāwan, 43
tōcweþan, 51
tōdēman, 55

tōdōn, 56
tōdrēosan, 60
tōdrīfan, 62
tōfaran, 70
tōfeallan, 72
tōflēogan, 75
tōflēon, 76
tōflōwan, 77
tōġēotan, 90
tōglīdan, 95
tōhēawan, 104
tōhladan, 108
tōhrēosan, 113
tōhweorfan, 115
tōirnan, 233
tōlūcan, 132
tōlǣtan, 121
tōniman, 148
tōrīpan, 154
tōsāwan, 158
tōscūfan, 168
tōsettan, 177
tōsittan, 180
tōslēan, 182
tōstandan, 192
tōstreġdan, 198
tōswellan, 201
tōteran, 210
tōtredan, 211
tōweaxan, 217
tōwegan, 219
tōwendan, 220
tōweorpan, 221
tōþerscan, 237
tōþringan, 239
tredan, 211
trymman, 212
twifealdan, 71
twihycgan, 117
tǣċan, 207

U

unbindan, 26
underbeġinnan, 150
underbregdan, 34

undercrēopan, 45
underdelfan, 54
underdōn, 56
underetan, 69
underflōwan, 77
underfōn, 79
underġinnan, 150
underġitan, 94
underirnan, 233
underlecgan, 122
underlūtan, 134
underniman, 148
underscēotan, 161
underseċan, 170
undersittan, 180
understandan, 192
understreġdan, 198
underþencan, 235
undōn, 56
undrifen, 62
unfealdan, 71
unlūcan, 132
unnan, 213
unscēotan, 161
unspannan, 188
untrymman, 212
unwrēon, 229
unwyrcan, 232

W

wadan, 214
wascan, 215
waxan, 215
weacsan, 217
weahsan, 217
wealdan, 216
weargcweþan, 51
weaxan, 217
wefan, 218
wegan, 219
weldōn, 56
wendan, 220
weorpan, 221
weorþan, 222
wēpan, 223

wesan, 224
wexan, 217
willan, 225
winnan, 226
witan, 227
wiþblāwan, 30
wiþċēosan, 40
wiþdrīfan, 62
wiþercweþan, 51
wiþermetan, 139
wiþerstandan, 192
wiþerwinnan, 226
wiþfaran, 70
wiþfeohtan, 73
wiþfōn, 79
wiþhabban, 99
wiþhycgan, 117
wiþrǣdan, 151
wiþsacan, 157
wiþscūfan, 168
wiþsettan, 177
wiþslēan, 182
wiþsprecan, 189
wiþspurnan, 191
wiþstandan, 192
wiþtēon, 209
wiþweorpan, 221
wiþwinnan, 226
wrecan, 228
wrēon, 229
wrītan, 230
wunian, 231
wurþan, 222
wyrþan, 222
wæscan, 215

Y

yfelcweþan, 51
ymbberan, 21
ymbbindan, 26
ymbċeorfan, 39
ymbdōn, 56
ymbfaran, 70
ymbfōn, 79
ymbhabban, 99

ymbhealdan, 103
ymbhōn, 112
ymbhweorfan, 115
ymbhycgan, 117
ymbirnan, 233
ymblīþan, 128
ymblofian, 130
ymblǣdan, 120
ymbscrīðan, 166
ymbsēon, 174
ymbsettan, 177
ymbsittan, 180
ymbsnīþan, 185
ymbspannan, 188
ymbsprecan, 189
ymbstandan, 192
ymbtrymman, 212
ymbweaxan, 217
ymbwendan, 220
ymbweorpan, 221
ymbwyrcan, 232
ymbþencan, 235
ymbþringan, 239
yrnan, 233

Þ

þearfan, 234
þencan, 235
þēodwrecan, 228
þēon, 236
þerscan, 237
þicgan, 238
þringan, 239
þurfan, 234
þurhbrecan, 33
þurhbrūcan, 36
þurhcrēopan, 45
þurhdelfan, 54
þurhdrēogan, 59
þurhdrīfan, 62
þurhdūfan, 64
þurhetan, 69
þurhfaran, 70
þurhfōn, 78
þurhġēotan, 90

þurhscēotan, 161
þurhscrīðan, 166
þurhseċan, 170
þurhsēon, 174
þurhslēan, 182
þurhstandan, 192
þurhswimman, 205
þurhtēon, 209
þurhtrymman, 212
þurhwadan, 214
þurhwrecan, 228
þurhwunian, 231
þwēan, 240
þyncan, 241

Æ

æftersprecan, 189
ǣrendsecgan, 171
ætbefōn, 78
ætberan, 21
ætberstan, 22
ætbycgan, 38
ætdōn, 56
ætfaran, 70
ætfeallan, 72
ætfeohtan, 73
ætflēon, 76
ætflōwan, 77
ætfōn, 78
ætġeniman, 148
ætġifan, 93
ætglīdan, 95
æthabban, 99
æthealdan, 103
æthebban, 105
æthlēapan, 109
æthweorfan, 115
ætirnan, 233
ætīwan, 119
ætlimpan, 129
ætlǣdan, 120
ætsacan, 157
ætsandan, 192
ætscēotan, 161
ætswerian, 203

ætwegan, 219	ætwesan, 224	ætþringan, 239

Printed in Great Britain
by Amazon